「コミュ障」だった僕が学んだ話し方

吉田照美
Yoshida Terumi

a pilot of wisdom

はじめに

～「話し下手」を目指そう！～

話の要点を上手《うま》くまとめられず、自分の言いたいことを相手に伝えられない人っていますよね。

実はこの私も、しゃべる仕事を専門にしているにもかかわらず「まとめ下手」なので、時として自分の言いたいことを上手く相手に伝えられないことがあったりします。

「まとめ下手」な人は「伝えたい」ということがたくさんありすぎて、それをまとめきれず、散漫な状態のまま話してしまうため、相手になかなか要点を伝えることができません。

ただ、私はそこで「上手く伝えよう」とは思わず、「話がまとまらなくて悪いんだけど」と相手に申し訳ない気持ちを示すフレーズを挟みながら、自分の思っていること、本当の気持ちを言葉に表していくようにしています。

もし、本書をお読みの方々の中で「どうやったら話を的確にまとめ、上手に話せるようになるのかなぁ」と悩んでいる方がいるとしたら、私はそんな人たちにこう伝えたいです。

「話し上手なんか目指す必要はありません！　むしろ、話し下手を目指そう！」と。

今はしゃべることを生業《なりわい》としている私ですが、実はかつて「コミュニケーション障害」、俗に言う「コミュ障」だった時期があります（その時期のことは本書の中で詳しく述べます）。その私がどうやって「コミュ障」を克服し、アナウンサーを目指すまでになったのか、そういったことも記させていただきました。

「コミュ障」を克服した私は、コミュニケーションの基本は「素直に思いを伝えること」だと気づきました。

ですから「話し上手」を目指すあまり、考える時間が長くなってしまったり、口数が少なくなってしまったりしたのでは意味がありません。

上手くまとめられた話を聞くよりも、ちょっとくらい話が散漫でも熱い思いが込められていたほうが、相手に真意は伝わります。
だからこそ、「話し上手」など目指す必要はないのです。あなたはあなた。そのまま、本当に思っていることを素直に出していけばいいのです。

話し方や聞き方など、最近ではコミュニケーションにかかわる自己啓発本がたくさん出版されていますが、そういった本では「話し上手」を目指すことが主なテーマになっています。

では、なぜ私が「話し下手を目指そう」とみなさんにすすめるのか？　ひとつの理由は先述した通りですが、理由はもうひとつあります。

こちらが「話し下手」であれば、相手はその時点で上の立場となり、「この人の言いたいことを何とか理解してあげよう」と余裕を持って話を聞いてくれます。

相手が「何とか理解してあげよう」と思ってくれれば、こちらも話がしやすくなります。弁の立つ人は話が上手い分、「この人は油断できない」と警戒されることもありますが、話し下手であればその心配はいりません。話し下手の人はとにかく、「上手に伝えよう」

などと思わず、相手にあるがままを伝えればいいのです。

話を上手くまとめられない人は、映画のあらすじなどをほかの人に説明するのもあまり上手ではないはずです（実は私もそうです）。

逆にあらすじをすらすらと言えるというのは「話し上手」な人ですが、話し上手な人からおすすめの映画の内容を聞いても、その感動や興奮といったものがいまいち伝わってこないことがあります。

話し下手でも、「すごくよかった！」と伝える熱意があれば、その熱は必ず相手に伝わります。

あらすじをまとめる難しさは、私にはよく分かります。感動したり興奮したりしている時はなおさら、まとめるのが難しくなるものです。

そんな時は、むしろあらすじの説明などはせず、「私がこの映画で一番感動したのはこなんです！」と素直に言ったほうが、絶対に相手に伝わると思います。

感動した映画があったら、あらすじなどを細かく説明する必要はありません。あなたはどこに感動したのか、それを思ったままに伝えればいいのです。

本書では、「しゃべり」を生業とする私が、みなさんの生活をより充実させるためのコミュニケーション術（しゃべり方、聞き方、言葉遣いなど）を紹介しています。

ただ、それは上辺のテクニックを磨くためだけのものではなく、人と人がどのように触れ合えば、より理解し合えるか、ということに重点を置いていろいろと説明しています。

これから社会に羽ばたこうとしている学生、また人間関係に悩んでいる社会人、いろんな方々に読んでいただき、人間関係を円滑にするための一助としていただければ、著者としてこれほどうれしいことはありません。

目次

第2章　テクニックを磨かなくても「いい話し方」はできる——47

第3章　頭がいい人の話し方

第4章 「質問する力」は最強の武器になる

第5章　微妙に避けたい話し方

人の悪口ばかり言う人
「ここだけの話」は信用しない
相手が喜ぶと思っても逆効果な言葉
噂話にまつわる大失敗
変わった名前の相手にそのことを触れていいか？
駄じゃれにもランクがある
無意識に変な口癖を言っていないか？
東京に住んでいても標準語を使う必要はない
変化していく言葉は受け入れるべきか
ネットから新たな言葉が次々と生まれている

おわりに

企画協力／髙木真明
構成／萩原晴一郎
協力／赤澤寿則（株）アワーソングス　クリエイティブ

第1章　僕は「コミュニケーション障害」だった

人と話をすることにずっと壁を感じていた

今、私は「話す仕事」を生業としていますが、実はかつては「コミュニケーション障害」、俗に言う「コミュ障」だった時期がありました。

人と触れ合いたくない、話したくない。そんな状態が極まったのが浪人時代でした。当時「コミュニケーション障害」という言葉はまだ生まれていませんでしたが、この社会で生きていくためのコミュニケーション能力が私には明らかに欠如していました。

本書で人と人とのコミュニケーション術、あるいは会話の盛り上げ方などを私なりにご説明させていただきますが、その前に、私がどうやって「コミュ障」を克服したのか、その後、なぜアナウンサーを目指し、文化放送に入社することになったのかをお伝えしておかなければ本題には進めません。なぜなら私のコミュニケーション観や話し方に対する考え方の土台は「コミュ障」を抱えながら過ごした青春時代の様々な体験が大きく影響しているからです。そこでまず最初に、私がどうやって「コミュ障」から立ち直り、アナウンサーとなったのかをお話ししていきます。

今思えば、その兆候は中学時代から少しずつ表れていたように感じます。

中学に入学したばかりの頃の私は陽気な性格で、自分で言うのも何ですが異性からも結構モテました。

そんな私が徐々に暗い性格になりだしたのは、意中の女の子に好きな男の子がいると知ってからです。

その女の子が思いを寄せていた男子（私の同級生）は今で言ういわゆる「イケメン」で、

勉強ができて、運動神経もいいという、まさに非の打ち所がありませんでした。お世辞にも顔がいいとは言えず、成績も中程度、運動神経もそれほどよくない私とその彼は、何から何まであまりにも違いすぎていました。

私は「天は二物を与えずと言うが何物も与えているじゃないか」「神様は何と不公平なのか」と憤ったものです。

しかし、いくら憤ったところでその彼との差が埋まることはありません。彼の様々な魅力を実感していくうち、次第に私は「僕はダメなやつなんだ」と勝手に思い込むようになっていきました。

高校受験では、私が思いを寄せていた女の子は偏差値の高い、進学校に合格。一方の私は偏差値も中程度の普通の公立高校に進むこととなり、そこでも私はコンプレックスを抱くようになりました。

学校は別々になりましたが、以降も私はその女の子のことがずっと好きでした。そんな思いが澱《おり》のように溜まっていき、「だったら難関大学に合格して、その女の子を見返してやろう」と、友達もあまり作らず、休み時間も机から離れずに勉強しているような、かなり閉鎖的な高校生活を送ったため、高校時代の「楽しい思い出」というものが私にはあまりありません。

結局、大学選びも高望みしてしまい、現役での大学受験に失敗。ここから私は急な坂を転げ落ちるように一気に暗くなっていきました。まさに「暗黒時代」の到来です。

浪人時代、私は高田馬場にある予備校に通っていました。高田馬場はのちに私が通うことになる早稲田大学があるのですが、この駅の出口にも切ない思い出があります。

高田馬場駅の改札を出ると、右方向が早稲田大学、左方向が予備校でした。当時の私には、右方向に歩いていく大学生たちがとても華やかに見え、逆に左方向へと向かう私たち予備校生はとてもうらぶれた感じがして、何を見ても、何をしても「僕はダメなやつなんだ」と落ち込んでいました。

予備校からの帰り道、自宅近くの路上で近所のおばさんたちが井戸端会議をしていようものなら、決してその脇を通るようなことはせず、回り道して家に帰ったりすることも……。

そのおばさんたちが私のことを悪く言っているわけではないのでしょうが、どうしても

「僕の悪口を言っているのではないか」と思えてしまうのです。今考えれば自意識過剰とも言えるネガティブな反応ですが、当時の私は本当に根暗で卑屈な毎日を過ごしていました。

ノイローゼで幻聴まで聞こえた学生時代

「僕、やばいな。ノイローゼかも」

自分でもそんな風に思う決定的な出来事があったのは、浪人生活をしていたお盆の頃のことです。

受験生にとっての夏休みと言えば、模擬試験などの成績もある程度上がってこなければならない大切な時期ですが、私の成績は思ったようには上がりませんでした。

モチベーションを保つ上での一番の拠《よ》り所《どころ》になるはずの「成績アップ」が望めず、私は悶々《もんもん》とした日々を過ごしていました。

そんなある日のこと。毎年お盆の時期に近所の八幡さんで恒例の夏祭り（盆踊り大会）が催されるのですが、祭りの前日から境内で盆踊りの予行演習がなされるのが慣例でした。

この頃の私は日中に勉強するタイプだったため、朝早く起きて夜まで勉強する生活を続けていました（しかも雨戸を閉め切ったまま。そうしないと集中力が保てなかったのです。でもそういったやり方も何か精神を病んでいる感じですよね……）。

盆踊りの前日、部屋でいつものように勉強していると八幡さんから大音量で「月が～、出た出た～」と三橋美智也の『炭坑節』が聞こえてきます。気にせず勉強しようと思えば思うほど、その音楽が気になり、ついにはまったく集中できず、何にも手につかなくなってしまいました。

翌日の盆踊り本番でも、夕方から大音量で三橋美智也の歌声が聞こえてきます。その音に耐えて、私は勉強しようとしましたがやっぱり無理でした。前日同様、まったく勉強できないまま、私はその日を終えました。

あくる日、いつものように閉め切った真っ暗な部屋で早朝から勉強していると、どこからか三橋美智也の歌声が聞こえてきました。

「あれ、盆踊りは昨日で終わりだよな」

ふとわれに返ると、歌声は聞こえなくなりました。

「え、まさか、幻聴?」

その後、勉強に集中しようとすると再び三橋美智也の歌声がどこからともなく聞こえてきます。

「僕、病んでるのかも……」

私は再度幻聴が聞こえたことによって、自分が軽いノイローゼ状態にあることを悟りました。

そんな危機的状況にあった私を救ってくれたのが、当時私が唯一接点を持っていた友人のA君です。A君は中学時代の同級生で、高校は別々だったものの予備校で偶然再会し、以来、予備校で会えばおしゃべりをする仲になり、やがてA君は私の家にも頻繁にやって来るようになりました。

A君はアポなしで突然家にやって来るような豪放磊落《ごうほうらいらく》な性格でしたが、三島由紀夫を愛する読書家で、本質的には内向的な人物でした。彼が家に来てくれるのは週に2、3日ほどで、時には泊まっていくこともありました。夜通し、好きな本や自分の将来のこと、人間関係のことを語っているうちに、自分たちの内面が触れ合い、共振するのを感じて、私の心は安らいでいったのです。

今考えると、当時の私の心を開くには、A君のような強引さが必要だったのかもしれません。

A君は社会と私を繋《つな》ぐ唯一の接点のようなものでした。彼がいなければ、私のノイローゼはもっと重い症状になっていたと思います。

人との会話がなければやがて孤立していくことを、私はこの浪人時代に思い知りました。

その後、私はめでたく早稲田大学に合格。私の症状が元通りになったと感じたのは大学3年に入ってからですが、目指していた大学に合格できたことで、私の精神状態も少しずつよくなり、考え方も少しずつ前向きになっていきました。

そして、浪人時代にひとりぼっちの苦しさを味わった私は「これからは人とのコミュニケーションを大切にしていこう」と一念発起。大学入学とともにアナウンス研究会に入ることを決めたのです。

憧れのアナウンサー・小島一慶《いっけい》さん

「普通にしゃべれるようになりたい」という思いで入ったアナウンス研究会でしたが、試練はいきなり訪れました。

研究会の部員たちが人前で話す「アナウンス発表会」があり、それぞれの部員がそこでフリートークを披露することになりました。

コミュニケーション障害からは立ち直りかけていた私ですが、初めてのフリートークということでガチガチに緊張してしまい、名前以外一言も発せずに終わるという惨憺《さんたん》たる結果に……。

1年前の私だったらここで落ち込み、引きこもっていたかもしれません。しかし私はこの時、口では言い表せないほどの悔しさを感じました。「来年の発表会ではちゃんとしゃべることができるようになってやる！」と決意を新たにし、先輩に専門学校を紹介してもらうなどして、本格的にアナウンサーの勉強をするようになりました。

2年生になると話術を向上させたい思いがより強くなり、頻繁にラジオをつけるようになりました。

私はいろんなラジオ番組を聴き（とくに深夜放送）、各番組のアナウンサーやＤＪの話術、語り口を研究しました。

中でも当時私がもっとも憧れたのが、ＴＢＳラジオ『パック・イン・ミュージック』などで活躍していた小島一慶さんでした。

それまでの私は、スターと呼ばれるような有名芸能人や文化人がおしゃべりしているラジオ番組を聴いたことはあっても、一慶さんのような局アナがＭＣを務める番組は真剣に聴いたことがありませんでした。

一慶さんの番組には、有名芸能人の番組のような華やかさはありませんでしたが、自身の日常を切り取って面白おかしく語る一慶さんの落語家のような語り口に私は親近感を覚えました。

等身大の自分を語っているだけなのに、それがなぜかとても面白い。聴いていると思わず笑顔になってしまう。私は一慶さんのしゃべりに魅了され、いつしか「一慶さんのようなアナウンサーになりたい」と強く思うようになっていました。

当時、一慶さんの番組の中に、一慶さん自身が１週間のうちに体験し、感動したことを語ってくれるコーナーがありました。

読んだ本、観《み》た映画、出会った人物など、そのコーナーで一慶さんはいろんな感動を私たちリスナーに語ってくれました。

私はそのコーナーを聴くたび、「一慶さんは日頃からアンテナを張り巡らせ、日常の中からいろんな感動を切り取っているのだな」と感心したものです。

そして何よりも、話している一慶さん自身が番組を楽しんでいることがよく伝わってきました。しゃべっている本人が楽しいのですから、聴いているほうも知らず知らずのうちに顔がにやけてくるわけです。

正直、それまでの私は〝アナウンサー〟という職業を正しく理解してはいませんでした。でも、一慶さんのラジオを聴いたことで、人を笑顔にする素敵な仕事があることに気づきました。

もちろん、その頃の私は女性とまともに会話もできないタイプでしたから「アナウンサー」という仕事を目指すこと自体、身の程知らずだということは自分でよく分かっていました。

しかし、それでも私は「アナウンサーになりたい」と思いました。そして、その後様々な紆余曲折《うよきょくせつ》を経て、私は真剣に〝アナウンサー〟という職業を目指すようになったのです。

トイレで僕の運命を変えた遠藤周作

私が大学でアナウンス研究会に入ったもうひとつの理由は、社会人になってから周囲の人たちとしっかりとコミュニケーションが取れるようにならなければならないという思いがあったからでした。

アナウンス研究会での経験によって、〝アナウンサー〟という職業に憧れを抱くようになってはいましたが、就職先として一番に考えていたのは「放送局」や「テレビ局」ではなく「銀行」でした。

声も滑舌も目立つほどいいわけでないのは、自分でよく分かっていました。だから放送局などを受けても採用される自信はまったくありませんでした。そんなことから、職業としてお堅い銀行系などを受けてみようと考えていたのです。

あれはとある銀行の就職説明会の日でした。会場が東京駅のすぐそばだったのですが、東京駅のトイレを利用したところ、そこに何と私の大好きな作家の遠藤周作さんがいました。

当時の遠藤周作さんは「違いがわかる男」としてコーヒーのCMに出演するなど、国内でもっとも注目される作家のひとりでした。

遠藤さんはトイレの鏡を見ながら、ヘアスタイルを整えているところでした。用を足した私はその後ろでしばらく遠藤さんを見ていたのですが、あまり長いこと見ていても怪しまれてしまうのでトイレの外で遠藤さんを待ち、そこで「ファンなんです」とひと声かけようと思いました。

ところが、遠藤さんがなかなかトイレから出てきません。説明会の時間は迫っています。でも、遠藤さんに声をかけられるこのチャンスを逃すわけにはいかない。私はトイレの外で遠藤さんを待ち続けました。

しばらくの間待ちましたが、それでも遠藤さんは出てきません。結局説明会の時間が過ぎてしまったため、私は説明会を受けずに帰途につきました（遠藤さんに声をかけることもできませんでした。私が余所見《よそみ》でもしている瞬間にトイレから出てしまったのでしょう）。

今考えると不思議なのですが、この一件があってから、私は銀行系などの一般企業の入社試験を受ける気がまったくなくなってしまいました。

そこから私は心機一転。東京のキー局を中心にラジオとテレビ両方の局をいくつか受けることにしたのです。

運命の入社試験で得た教訓

キー局ではテレビはテレビ朝日、日本テレビ、テレビ東京、ラジオは文化放送とニッポン放送などを受験候補とし、キー局を受ける前の手始めとして地方の局も受けておこうということで静岡放送の1次試験を受けることにしました。

声質はそれほどよくはありませんが、大学のアナウンス研究会に4年間在籍し、アナウンスの専門学校にも通っていましたから、「まあ、地方局くらいは受かるだろう」という安易な気持ちがありました。

滑り止め的に地方の局を受けるという、舐《な》めた考えで挑んだのがいけなかったのでしょう。私は静岡放送の1次試験で見事に落とされました。

出鼻を挫《くじ》かれた私は浪人時代の自分がフラッシュバックし、「やっぱり、僕はダメなやつなんだ」と久しぶりに落ち込みました。

余談ですが、この1次試験には大学の1年先輩である高橋良一さんも一緒に受験していました（高橋先輩は就職浪人していました）。

この高橋先輩こそ、のちにニッポン放送に入社し、「くり万太郎」のマイクネームで大活躍した「くりまん」さん。今もパーソナリティとして活躍中の方です。

1次試験で落ち、私は静岡から高橋先輩とふたり、かなり暗い雰囲気で電車に揺られながら帰ってきました。

確か、有楽町駅で電車を降りたと記憶しています。その時、有楽町の映画街ではマーロン・ブランド主演の『ラストタンゴ・イン・パリ』という映画を上演していて、巷《ちまた》でも話題の作品だったので「気分転換に観て行くか」ということになりました。

ところがこの映画、性描写がどぎつく、ひたすら退廃的で……。気分は晴れるどころか余計に落ち込む始末。高橋先輩とふたり「観なきゃよかったね」などと言いながら映画館を出たのをよく覚えています。まあ、今となっては青春時代のよき思い出ですが。

話を本線に戻しましょう。就職戦線の初《しょ》っ端《ぱな》で痛い目を見た私ですが、その後もあきらめずにキー局の試験を受け続けました。

結果、ニッポン放送と文化放送は1次を通り、2次、そして3次へ。当時のラジオ局の入社試験は最終的に5次試験ぐらいまであり、音声試験、筆記試験などを経て、最後に重役面接という流れだったように記憶しています。

順調に試験を通った私はその後、奇跡的にもニッポン放送と文化放送の両方で最終試験に残ることができました。

しかも面白いのは、その最終試験にはそれぞれ3人残ったのですが、何と両社とも同じメンツ、しかもみんな早稲田のアナウンス研究会でした。ひとりはその後NHKに入社した中村克洋《かつひろ》君、もうひとりは有楽町で『ラストタンゴ・イン・パリ』を一緒に観た高橋先輩だったのです。

アナウンス研究会で一緒に活動していましたから、ふたりの実力はよく分かっていました。悲しいことに、ふたりともアナウンスの実力は私よりも上でした。

「こりゃ、勝ち目ねーなー」

それがその時の正直な私の気持ちでした（ただ、中村君はNHK志望だったので多少は私に分があるかも、とも考えていました）。

最終試験の結果発表はニッポン放送のほうが先でした。3人の中から選ばれたのは、高橋先輩でした。

私は最後に残った文化放送に一縷《いちる》の望みをかけました。文化放送は最終試験（重役面接）が行われた翌日に合格発表という流れでした。

合格発表の日。自宅で文化放送からの電話連絡を朝から待ちましたが、待てど暮らせど、一向に電話はかかってきません。18時から家庭教師のアルバイトが入っていました。夕刻になり「やっぱり、ダメだったか……」と暗い気持ちでアルバイトの準備を始めていたその時、「ピンポーン」と家のチャイムがなり、私宛の電報が届きました。

電報など滅多に届きませんから、私は「何だろう？」と思いながら見るとそこにはこう書いてありました。

「アシタオイデコウ　ブンカホウソウ」

先日の最終試験の後、文化放送の担当者が「結果は明日、電話で連絡しますから」と言っていたのになぜ電報が届いたのか、私は不思議でなりませんでした。しかもこの文面だけでは受かったのか、落ちたのか、それすらも分かりません。

「でも、〝明日来い〟ってことは、まんざらでもないのかな」と、浮かぬ気持ち半分、希望半分の複雑な思いで私は家庭教師のアルバイトに向かいました。

翌日の午前中、私は半信半疑のまま文化放送に行きました。すると担当の人から開口一番「昨日ずっとキミのとこに電話したんだけど、何で出ないの？」と言われました。私は家でずっと電話を待っていたことを話しましたが、担当の人は6、7回はウチに電話をかけたと言います。

結局、私は文化放送の最終試験に受かっていました。のちに調べたところ、家の電話が故障していたことも判明。私はこの時、大学受験以来の神の啓示的なものを感じました。試験
大学受験では運よく「受かりっこない」という学部に合格することができました。試験

の問題に私がもっとも得意とする分野が出たからです。

今回の就職試験も最後の最後までもつれ、挙げ句の果てに自宅の電話が故障という有様です。

私は神様から「浮かれるなよ。いい気になるなよ」と言われているように感じました。そして、ひたむきに努力していれば、ちょっとはご褒美がもらえることも知りました。この時の教訓は、今でも私の中に生き続けています。

人生において無駄なことなんかない

文化放送の入社試験に合格したことが分かった後、私は担当者から「キミは音声試験はたいしたことなかったけど、作文がよかった」と言われました。

大学受験で運よく得意分野が出題され、私はめでたく合格することができましたが、実は入社試験でも同じような〝ラッキー〟な出来事があったのです。

当時、私は家庭教師のアルバイトをしていました。生徒の自宅に赴き、課題を与え、それをチェックする。生徒が課題を解いている間は暇ですから、自分で持参した小説や生徒の部屋にあった本を読むなどして時間を潰していました（はっきり言って読書の時間のほうが圧倒的に長く、かなり手抜きな家庭教師でした）。

その生徒の部屋にあった参考書だったと思うのですが、作文の一例として「世の中の流行」をテーマにした論文調の文章が載っていました。

内容は世の中の「流行」と「渦巻き」の関連性を説いたものでした。流行というものは円を描くように再度繰り返すものであるが、それは同一線上に戻ってくるのではない。渦巻きの円が広がっていくように、元の位置に近いけれどもちょっと違っている。それが流行である。というような内容でした。

私は「なるほどな」と思ってその例文を読みましたが、文化放送の作文のテーマが「わが半生の転回点」というタイトルでした。

私はそのテーマを見た瞬間、大学受験の時のあの高揚感が蘇《よみがえ》りました。インチキといえばインチキですが、私は家庭教師をしている時に読んだあの参考書を思い出し、そこにアレンジを加えつつ、作文を仕上げました。

大学受験にしろ、この入社試験にしろ、不思議なことに私には幸運が訪れました。文化放送の担当者から「入社試験の作文がよかった」と言われた私は、「人生は何が幸いするか分からない」ということと、「人生には無駄なことなんてない」ということを思い知りました。

考えてみれば、私が文化放送に入ることになったのも、すべては遠藤周作さんに東京駅でお会いしたところから始まっています。

あの時遠藤さんに会わず、そのまま銀行の就職説明会に行っていたら、アナウンサーを職業とする吉田照美はこの世に誕生していなかったかもしれません。

世の中の事象にはすべて繋がりがあって、無駄なものなど何一つない。例えば今「無駄だな」「無意味だな」と感じるようなことをしているとしても、それは次に訪れる「何か」に繋がっているのです。

人と人のコミュニケーションもこれと同じではないでしょうか。無駄と感じるような会話、触れ合いであったとしても、それがのちのコミュニケーションにきっと生きてくるはずです。

背伸びして話すと人の心に響かない

先にも述べましたが、文化放送の入社試験の最終試験は重役面接でした。この時の緊張感は今でもよく覚えています。

面接室に入ると、そこには文化放送の重役が5人ほどいました。私は学生服を着て面接に臨んだのですが、面接官のひとりから「キミ、もうその学生服は元取ったのかね？」と突拍子もない質問をいきなりされたため、頭の中は真っ白のアワアワ状態になってしまいました。

ラジオ局の面接には、ほかの一般企業にはない「音声試験」という試験もあり、そこで私たち受験生はフリートークをさせられます。

最悪なことに、この時の音声が今でも文化放送に残っており、以前、私の番組でこの音声を流したこともありました。

自分の学生時代のフリートークを聴き、顔から火が出るほどの恥ずかしい思いをしましたが、この音声試験にしろ、最終試験の重役面接にしろ、とても緊張していたことだけは本当によく覚えています。

読者の方の中には、これから企業の入社試験を受けるという人もいるかもしれません。そんな方たちに言いたいのは、「いい自分を見せようとせず、素直に受け答えしてほしい」ということです。

面接の場所で、いつも以上の自分を見せようとしてもそれは無理というものです。そんな即席に自分を変えることは誰にもできません。面接以外にも、社会に出れば会議や取引先とのやり取りなど、しっかりと自分の考えを伝えなければならない場面はたくさん出てきます。

そういった重要な局面で、いつも以上の自分を見せようと背伸びばかりしていたら、無理するあまり失敗も増え、信用も失うことになってしまいます。等身大の自分、いつもの素直な自分であることが、人の心に響く言葉を発するために何よりも大切なことです。

素直な自分を出して、「この仕事がしたいんです」という誠意を表すことができればそれで十分なのだと思います。

だから構えたり、恥ずかしがったりせずに、自分を素直に出すようにがんばってみてください。

きっと面接官も、会社の上司も、取引先の人たちも、マニュアル通りの優等生的な受け答えは期待していません。社会で出会う人たちはあなたの素直さや明るさ、あるいはひたむきさといったものと、仕事に対する情熱を感じたいのです。

「上手に話そう」――そんな気持ちがあればあるほど緊張感が増し、気持ちが空回りしてしまうものです（それはこの私が実証済みです……）。

大切なのは「上手に話す」ことではなく、「素直な気持ちを表現する」こと。それを忘れないでください。

永六輔さんから「伝える」ことの本質を学んだ

学生時代、私がもっとも好きだったラジオ番組が、永六輔さんがパーソナリティを務めていた『土曜ワイドラジオＴＯＫＹＯ』でした。

土曜の日中、３時間超の長時間番組でしたが、政治、経済から文化、芸能まで幅広い話題に対応できる永さんですから、私もまったく飽きることなく、毎週番組を楽しんでいました。

陳腐な言い方になってしまいますが、永さんの番組を聴くといい映画を1本観たかのような感慨に浸ることができました。

ラジオ番組を聴いて、そのような気持ちになったのは、後にも先にも永さんの番組だけです。

大学のアナウンス研究会に所属していた私は「こういう番組を自分もやれたらいいなあ」と、淡い夢のようなものを抱くようになりました。

永さんご自身が自分の語り口を「男おばさん」と表現したりもしていましたが、永さんの魅力はやはり穏やかなあの語り口調にあったと思います。

確かに、しゃべりのプロのアナウンサー的な立場からすると、永さんの話し方は決してほめられたものではありません。でも、永さんの番組は当時、大変な人気があり、私のように多くのリスナーが永さんの魅力に惹《ひ》きつけられていました。私はここに、人と人を繋ぐ会話の真髄があるように思えるのです。

決してほめられたしゃべり方でなくとも、「伝えたい」という思いがそこに込められていれば、人と人とのコミュニケーションはしっかりと成立することを永さんは私たちに教えてくれたのではないでしょうか。

さらに永さんは、独特の視点を持ち、ジャンルの異なる様々な話題を取り上げながら、これまた独自の解釈でその時々の思いを私たちリスナーに語ってくれました。

まさに「ラジオの偉人」と言ってもいい永六輔さんは、私にとって永遠の「ラジオの教科書」のような存在なのです。

「笑い」に転換できるのが理想のコミュニケーション

人と人の会話、コミュニケーションにおいて、私がもっとも理想とするのは「その場から笑いが生まれる」ことです。

会話によって共感が生まれ、お互いの気持ちが共振、共鳴し合って笑いが生まれる。そんな空間を生み出すことがコミュニケーションの一番の理想だと思うのです。

人と人の会話からは笑いだけでなく、怒りや悲しみなどいろんな感情が生み出されます。

そこで私は、どうせなら「楽しい空間を生み出したい」「会話の場を笑いのあふれる空間にしたい」と思っているだけなのです。

また、これはしゃべりの仕事をしている私だけの問題ではないとも感じています。年齢、性別、職業問わず、この社会で暮らす人たちが「楽しい空間を生み出したい」と思えば、世の中はきっと明るくなっていくはずです。

私は今まで「楽しい空間を生み出したい」という一心で、ラジオのパーソナリティなどを務めてきました。その中で、リスナーの方々と共振、共鳴することができ、「ラジオの仕事をしていて本当によかった」と感動したことが幾度かあります。

昔やっていた『吉田照美の夜はこれから　てるてるワイド』という番組は開始2カ月で聴取率のトップに立った人気番組でした。

番組ではいつもバカバカしい企画を行い、それが当時の中・高校生にとてもウケていたのですが、ある日の企画でこんなことがありました。

その日取り上げた企画は「ティッシュペーパーの空箱投げ大会」。今考えても何ともバカバカしい企画ですが、リスナーに「大会を開催するから、参加したい人は新宿住友ビルに集まれ！」とラジオで呼びかけました。

番組のスタッフとは「１００人も集まったら上出来だね」などと話していたのですが、何と会場に集まったリスナーの数は３０００人を超えていました。

まさかこんなにたくさんの人たちが、番組のために集まってくれるとは……。大勢の参加者たちの姿を目にした瞬間、私は番組とリスナーとの間にコミュニケーションが成立したことを実感しました。

『てるてるワイド』を放送していた１９８０年代前半は、今のようにスマホもなければデジタル機器もＳＮＳもない時代です。世間の人たちが情報を得るとしたら、テレビやラジオなどの電波放送か、新聞や雑誌などの紙媒体しかありません。

そんな時代に「遊びたい人、楽しみたい人は集まれ！」と参加者を募ったところ３０００人もの人たちが集まってくれたのです。ラジオのパーソナリティは普段、リスナーの顔を見ることはできませんから、本当にパーソナリティ冥利に尽きる一瞬でした。

長くラジオのパーソナリティとしてリスナーとコミュニケーションを取っていると、このような「ご褒美」の瞬間がたまに訪れます。

ラジオの昼の帯番組をやっている時も、1度、そのような経験をしました。

この番組で「埼玉特集」を組み、ある日の放送で「むさしの村」（埼玉県加須《かぞ》市）という、都心からは大分離れた場所で公開放送をすることになりました。

東京からも遠いため「公開放送なのに、人がまったく集まらなかったらどうする？」などとスタッフと冗談を交わしていたのですが、現場に着いて驚きました。

控え室にいた私のところに現場のスタッフが飛んできて言いました。

「照美さん、大変ですよ。結構人が集まってます」

公開放送の会場を見に行くと、何とそこには数え切れないほどの人たちがすでに集まっていました。後でスタッフが正確な観客数を数えたところ、何と1万人もの人たちが集まっていたことが分かりました。むさしの村のスタッフの方も「こんなに人が集まったのは開園以来初めてです」と驚いていました。

私は昼の帯番組で毎日、おしゃべりを続けていただけですが、たまにこのような「ご褒美」というか、うれしいサプライズ、奇跡が起こるのです。

最近、私が強く感じるのは、日常でもこのような「言葉の奇跡」は起こせる可能性があるということです。

日々、会話というコミュニケーションによって「楽しい空間を作ろう」とすることは決して無駄ではありません。人とのコミュニケーションを取り続けていれば、たまにご褒美のようなうれしいサプライズが起こる。それを読者のみなさんにも覚えておいてほしいと思います。

第2章　テクニックを磨かなくても「いい話し方」はできる

まずは自分のしゃべりの「型」を持とう

「人と会話するのがあまり得意ではない」
「異性を前にすると途端に何もしゃべれなくなってしまう」
「大勢の人を前に話すことが苦手」

こういった条件に当てはまる人は結構多いと思います。この私も、学生時代は話すことが大変苦手でした。

でも「このままじゃいけない」と思い立ち、苦手を克服するために大学時代はあえてアナウンス研究会に入ったわけです。

話すことが苦手な人はまず第一に、「自分の会話の〝型〟」を持つようにすればいいと思います。

そうは言っても、最初から自分の「型」を持っている人などどこにもいません。では、いったい何から始めればいいのか？　それはずばり、誰かの「真似」から始めればいいのです。

アナウンサーでも歌手でも、俳優さんでも、誰でも構いません。まずは「あの人のしゃべり方は好きだな」という人の語り口調を真似するのです。

学生時代、私が最初に憧れたアナウンサーが小島一慶さんでした。だから当時私は、まず一慶さんの真似をするところから自分の「型」を作っていきました。文化放送のアナウンサーで私の1年先輩だった梶原しげるさんは、普段から我々の大先輩であるみのもんたさんの放送をずっと聴いていました。

梶原さんはみのさんの真似をすることで自分の「型」を作ろうとしていました。梶原さんと一緒に泊まり勤務となった晩のこと。梶原さんはラジカセのテープを文字起こしをしながら聴いています。聴いていたテープは、みのさんの番組を録音したものでした。テープを聴き終わった梶原さんは、今度は文字起こしした原稿を読み始めました。梶原さんはそうやって、大先輩の会話術を学び、吸収していったのです。

私が実践していた方法でさらにおすすめなのが、「自分のしゃべりを録音して聴く」という方法です。今はスマホなどの録音アプリがあるので、そういった機能を利用してもいいかもしれません。

自分の声、しゃべりを録音して客観的に聴いてみてください。最初は「何だかぎこちないな」と感じたり、自分の声も耳障りな感じがして嫌かもしれません。

もし自分のしゃべり方に違和感を覚えたならば、そこに目標とする人のしゃべり方、声のトーンなどを真似して入れてみるといいと思います。目標とする人の一番特徴のあるしゃべり方のフレーズを反復しているうちに、そのしゃべり方がうつってきます。

そうやってほかの人の口調を真似ていると、不思議なことに次第に自分の「嫌なしゃべり方」も消えていくのです。

モノマネをする際、極端にデフォルメして真似てみるのもおすすめです。そうすることによって、目標とする人のしゃべり方や口調がさらにスピーディに自分のものになるはずです。

そんなことを繰り返しつつ、ある程度「形になってきたな」と思ったら、再度自分のしゃべりを録音し、どれだけ変化したかを確認してみてください。この作業を1カ月も続ければ、自分のしゃべり方がブラッシュアップされ、かなり変化していることに気づくと思います。

自分のしゃべりの「型」を持つには、まずはモノマネから。とりあえずは、実践してみることをおすすめします。

「〝学ぶ〟とは〝まねぶ〟である」という言葉もあるように自分の型は「真似」から作られていくものだと思います。学ぶ、真似るという努力を続けていくと、自然とオリジナルの自分のしゃべりができあがっていくのです。

誰かの真似をして、自分のしゃべり方が少しでも向上すれば、「話す」という行為がどんどんと楽しくなっていくはずです。

私もそうでしたが、若いうちは経験も浅いですからなかなか「自分の型」を固定することは難しいものです。でも、経験を積んでいく中で自然と「自分の型」が形作られていきますから、無理に「型」を作ろうとする必要はありません。

焦って「自分の型」を作ろうとすると、形ばかりに囚《とら》われ本来の自分とはかけ離れた「型」になってしまったり、「型崩れ」した自分の形ができあがってしまうことになります。

私たちが目指さなければいけないのは会話の「型崩れ」ではなく、「型破り」な自分の会話、話術なのですから、焦らずに、ゆっくりと、最強の「自分の型」を目指してほしいと思います。

話し方はテクニックだけではない①～話に起承転結を付ける～

仕事のスキルアップの一環として「話し方のテクニック」が昨今注目されていますが、

話し方のテクニックばかりに囚われると、その人が本来持っていた個性や面白さといったものが失われていってしまいます。

私が話し方において大切だと思うのは、「どのように話すか」というテクニックよりも、「何を語るか」の内容のほうです。

「はじめに」でも触れたように、「話し上手」になろうとテクニックばかりを優先すると、それは上辺だけのコミュニケーションとなり、それでは相手に真意を伝えることも、相手から信頼を得ることもできません。

肝心なのは「何を語るか」「何を伝えたいのか」をはっきりさせること。文章と同じように、話す内容も起承転結の構成をしっかりと考えることが何よりも重要で、逆に言えば、話す内容さえしっかりしていれば、「話し方のテクニック」などさほど必要ないのです。

ただ、残念ながら「話す内容にしっかりと起承転結を付ける」ことが実に難しい。プロの私でも難しく感じるのですから、一般のみなさんにとってはなおさらのことだと思います。

でも、難しいからといってあきらめる必要はありません。できなくてもできないなりに、常に「起承転結」を意識しながら話をし、結論に向かってしっかりと話を構築していけばいいのです。

起承転結の「起」は、本書の中でもたびたび触れている「つかみ」にあたります。落語で言えば、お客さんの心を最初につかむ「マクラ」のようなものです。

「起」で相手の心をしっかりとつかんでから、本筋に導き、「結」へ繋げていく。これを普段から実践していくことが大切なのですが、とりあえずはあなたの周囲の友達や家族など、気軽に話せる関係の人たちに試していくといいでしょう。

起承転結を意識しつつ、あなたが話をした時に友達が「おお！」と感動したり、面白がってくれたとしたら、それはあなたの話し方が正しい方向へと進んでいる何よりの証《あかし》です。

私もそうなのですが、「結」へと話を集約させていく過程で話が本線から逸《そ》れてしまったり、テーマがぼんやりしてきてしまうことがままあります。

話術を磨いていくにはこういった失敗を恐れず、常に努力をしていくことが大切です。

プロの噺家《はなしか》の世界には「ネタ下ろし」という言葉がありますが、みなさんも日々新たな情報を仕入れ、それを元に近しい人たちに話を披露していけばいいのです。

そういったことをあきらめずに続けていけば、あなたの話し方は必ずスキルアップしていくはずです。

話し方はテクニックだけではない②～内容をデフォルメする～

起承転結を付ける話が多少できるようになったら、次の段階として「話をデフォルメする」ことをしてみるといいでしょう。

みなさんが友達などに話をする時は、自分が見たり、聞いたりした経験談を話すことが多いと思います。そういった話をしている時に、事実を事実としてそのまま伝えるのではなく、事実を多少デフォルメするのです。最近の言葉で言えば、「話を盛る」ということです。

話をデフォルメしすぎて、嘘《うそ》を伝えるのは論外ですが、話を楽しくするために多少話に色を付ける、「盛る」のは私は「あり」だと思いますし、私たちのような「しゃべり」を生業とする人間にとって、「話を盛る」ことはある意味、なくてはならない手法でもあるのです。

ここで私が「やっぱりこの世には神様がいる」と確信した瞬間のエピソードを、話し言葉でみなさんにお伝えしたいと思います（そんなに内容を盛らずに話します）。

みなさん、コノハムシっていう虫、知ってますか？　姿形が植物の葉っぱにそっくりな、図鑑などでよく目にするあの虫です。

思い当たらない人はネットなどで「コノハムシ」と検索してみてください。本当に「何でそんな形になっちゃったの？」って驚くくらい、姿が葉っぱですから。葉っぱより葉っぱっぽいんだから、本当に驚きです。

この虫の実物を初めて見た時、僕は「この世には神様がいる」と思ったんです。だってそうでしょ。虫は自分の姿形を客観的に確認できないわけです。鏡が見られるわけじゃないですからね。それなのに、葉っぱより葉っぱっぽい体になるってすごいじゃないですか。

コノハムシが今の葉っぱにそっくりな形になるまでには、相当な苦労があったと思うんですよね。コノハムシのご先祖様だった虫は最初はまったく葉っぱに似てない状態から多分スタートして、鳥とか蛇とか、いろんな動物に狙われる弱肉強食の世界で生き延びるためにちょっとずつ葉っぱみたいな形に姿を改良していって。そんな中で、「ここでいいよ」っていう瞬間がどっかであったと思うんです。そして、その瞬間には恐らく神様がいたんじゃないかと僕は思うんです。

今お話ししたコノハムシの話はオチがあるわけでもなく、最後は疑問で終わってしまっていますが、会話の中に盛り込む話はそのくらいでちょうどいいと私は思います。

その時々で自分の発見や自分が思ったことを話に盛り込む。それで相手がどれだけその話に興味を示してくれるか。コノハムシの話でも「そうだな。神様っているのかも」と相手に思わせたら成功なのです。

笑いがなくとも、あるいはオチがなくとも、話の余韻のようなものが相手にほんのちょっとでも残ればその会話は十分に成立したと考えていいでしょう。

話のネタを集める「発見手帳」

会話を盛り上げる上で欠かせないもののひとつに「情報」があると思います。いろんな情報の入った引き出しが多ければ多いほど、人とのコミュニケーションが豊かなものになります。

私の経験から言うと、おしゃべり上手な人ほど、会話の引き出しをたくさん持っています。つまり、会話を盛り上げたいのなら、まずはいろんな情報を集めて、自分の中の引き出しにストックしておけばいいのです。

例えばあなたに意中の異性がいるとして、その人と会話をする時どうしますか?

その人の気を引くためにはまず、その人がどんなことに興味があるのか、どんなジャンルの話だと盛り上がってくれるのか、そういったことを知る必要があります。

どんなことに興味があるのか分かったら、後はその事柄に関してしっかりと会話のやり取りができるくらいの情報を自分の中にインプットしておくのです。

このように、周りの人たちとコミュニケーションを深めていくには、普段からアンテナを張って情報を収集しつつ、自分の中に引き出しをたくさん作っていくことが大切です。

大げさなことを言えば、毎日の生活の中で何か発見があったら、それを逐一日記に付けていくくらいのことをしてもいいと思います。

私自身、日記は高校1年生の時から付けるようになりました。私が日記を付け始めるようになったのは、高校の現代国語の教科書に載っていた梅棹《うめさお》忠夫さん（文化人類学者）の『知的生産の技術』の一節に「発見の手帳を付ける」という文章があり、「なるほど」と思ったのがきっかけです。

以来、60歳を過ぎた現在まで、私は日々何かあると「発見の手帳」（今ではスマホなども活用していますが）に付けるようにしています。

「発見」というと何か仰々しく感じてしまいがちですが、別に「発見」にいたらずとも、日々の生活で感じたこと、気になったことをちょっとでも書き留めておくだけでいいと思います。

それが習慣になっていくと、ふとしたことでも会話のネタになることにきっと気づくはずです。

とにかく何かあったら書き留めておく。そんな何気ない事柄がコミュニケーションの素晴らしい材料になるのです。

つかみ上手になるふたつの方法

お笑いの世界などでよく「つかみはＯＫ」などと使われる「つかみ」とは、登場後にすぐに笑いを取って聴衆の心を「つかむ」テクニックのことです。

意外に思われるかもしれませんが、私はこの「つかみ」があまり得意ではありません。なので、ラジオ番組の冒頭、私はいつもこの「つかみ」で苦労しています。

昔お世話になっていた芸能事務所が「アミューズ」なのですが、そこのトップである大里洋吉会長はこの「つかみ」の技術にとても長《た》けた人でした。

イベントや会合など、大勢の前で話す際に大里会長は冒頭から聴衆の興味をかきたてるような話題を盛り込み、その場にいる人たちの心を一瞬にしてつかんでしまうのです。

大里会長は日々生きていく中で四方八方にアンテナを張り巡らし、分野を問わず、常に新たな情報を収集している人でした。そんな数ある情報の中から、その場にふさわしい情報、発見を大里会長は目の前にいる人たちに提供していました。

すると聴いている方は、そういった新たな情報、興味のあるネタに触れ「おっ、面白そうな話だな」と興味がわいてくる。つまり、大里会長はその場にもっともふさわしい話題を提供し、聴いている側の心を「つかむ」技術に長けていたのです。

その場にもっともふさわしい話題、情報に触れ、会話を盛り上げる。

文字にすると何とも簡単に感じますが、これをいざ実践しようとするとそう簡単にはいきません。

大里会長のようなつかみ上手になるには、

- アンテナを張り巡らし、常に新鮮な情報を収集する
- その場の雰囲気を読み、どんな話題、情報が喜ばれるかを瞬時に察する

少なくとも以上の2点を続けていく必要があります。

私も常日頃、ネットなどを中心に情報の収集をして、世間で何が話題となっているのか、何が一番ウケているのか、ということに関して敏感であろうと心がけています。

情報を収集する、雰囲気を読む。そういったことは一朝一夕にできるようになるものではありません。毎日の積み重ね、そして訓練が大切だと思います。だから私も情報収集や場の雰囲気を察するといったことは脳を鍛える「運動」だと思って毎日続けるようにしています。

溢れる情報の中から自分に合うものを探し出すコツ

ブログやツイッターなど、SNSが隆盛となっている今、インターネットから情報を拾う、あるいは分からないことがあったらネットで調べる、そういった手法が主流となっています。

巷には情報があふれ返っています。こうなると、そういった大量の情報の中からいかに自分に合う情報を探し出し、自分の話し方、会話に生かすか。そこが大きなポイントとなってきます。

私の情報集めも最近はツイッターが主流となっています。今や、ツイッターの情報の新鮮さ、正確さ、伝播《でんぱ》の早さは、テレビや新聞といった既存のメディアよりもはるかに秀でています。このような新たなコミュニケーションツールを使わない手はありません。

現代社会において、円滑なコミュニケーションを図るためには、ツイッターを始めとするSNS以外にも、テレビ、雑誌、新聞などのメディアや直接人から得るものなど、多種多様な情報からいかに自分に合った情報を選んでいくかがカギとなるように思います。要は「選ぶセンス」がポイントなのです。

自分に合った情報を選ぶために、自らのセンサーを磨く努力は続けないといけません。

自分では「これが今の場にピッタリの話題だ」と思ってSNSなどから入手した話題を周囲の人たちに話したとしても、すべてがウケるとも限りません。

私もそうですが、自分ではウケると思って話をしたのに、滑ってしまうことはままあることです。

でもウケないことが続いたからといって「情報を選び、それを話題として話す」という行為をやめてしまっては意味がありません。

仮に無駄撃ちに終わったとしても、それを続けていくことに意味があります。「あの話題はなぜウケなかったのか?」を考えることで、傾向というものが見えてきますし、「では次はこうしよう」という対処法も見えてくるのです。

情報の選び方にしろ、話し方にしろ、最初からセンスのある人なんてどこにもいません。自分なりに得た情報を、相手に合わせつつ自分が話しやすいように話す。それがウケなかったり、スルーされたりしたなら、それは何かが悪かった、間違っていた証拠です。相手が反応してくれるような話題をどうやって振っていけばいいのか。最初は誰かの受け売りでも構いません。先述したように、それを続けることによってあなたの「話し方」は磨かれていくのです。

自分の失敗、欠点がネタになる

私はアナウンサー出身でありながら、それほど声質がいいほうではありません。それは自覚していますが、面と向かって「声がよくない」と言われれば、それはそれで傷つきます。

昔、文化放送で自分の番組を持ってまだ間もない頃、歌手の谷村新司さんから「照美さんの声ってくぐもってるよね」と言われたことがありました。

それまで自分の声が取り立てていいと思ったことはありませんでしたが、面と向かって

「ぐもってる」と最悪の表現で言われたため、この時は少なからずショックを受けたものでした。

でも、私は思い切ってそのことを自分のラジオ番組でネタにしました。すると意外なことにこれがリスナーに大ウケ。以来、私は自分の失敗談なども積極的に番組で話すようになりました。

これは私がラジオのパーソナリティをしているから通用したという話ではありません。一般の人であっても、誰かと会話する際、自分の失敗談は「笑いを取るネタ」になることを覚えておいてほしいと思います。

成功談をひけらかすように話していれば「偉そう」とか「自慢かよ」などと反感を買ってしまいますが、失敗談は大抵の場合、相手から喜んでもらえます。

面白い失敗をどれだけしているか。あるいは、自分の失敗談をどれだけ面白く伝えられるか。それがコミュニケーションを円滑にするための最初のステップなのだと思います。

自分の失敗談は話の「つかみ」にももってこいの話題と言えます。「あんまり失敗談ばかり話しているとバカなやつだと思われないか」と捉える方も読者の中にはいるかもしれませんが、会話を盛り上げるには「バカだと思われてもいい」というくらいの開き直りも必要です。

私も自分の失敗をラジオのネタとしていくつもさらけ出してきました。でも「照美さんって面白いですね」と言われたことはあっても「照美さんってバカなんですね」と言われたことは1度もありません。つまり、世間の人たちは「失敗談を面白く話せる人」をバカだとは思わず、「あの人、面白いね」と評価してくれるのです。


ラジオ局のアナウンサーをしていた私は、失敗談を挙げたらそれこそキリがありません。例えば、早朝5時のニュース番組に寝坊して大失敗したことがあります。私が文化放送に入社してまだ間もない頃、早朝の4時55分から5時まで流れる、短いニュース番組がありました。

その番組は泊まり勤務のアナウンサーが読むことになっていて、下読みなども含め、1時間前には起きていないと番組に間に合いません。

ですが、私が目を覚ましたのは番組直前の4時45分。本来であれば下読みを完了し、準備万端でスタジオに向かっている時間です。

目覚めた私は慌てて階下の報道室まで駆け下りて原稿を取り、階上にあるスタジオに大急ぎで向かいました（エレベーターを使っている暇はなかったので上り下りすべて階段でした）。そして迎えた4時55分。ダッシュした甲斐があり、番組には何とか間に合いました。しかし、息が乱れたままでなかなか整いません。

「ハア、ハア……、5時の……、ゼエゼエ……、ニュースです。ハア、ハア、ゲホッ」

5分間の短い番組ですが、私の人生において5分があれほど長く感じたことはありません。

番組の最後は「以上、アナウンス担当は吉田照美でした……」で終わるのですがその言葉で締めた後、私は当然ですがクビを覚悟しました。

その日、いつ上司から呼び出しがかかるか、ビクビクしながら過ごしましたが何と不思議なことに呼び出しもお咎《とが》めも一切なし。私の番組を局の人間が誰も聴いていないわけがないのですが、この時は奇跡的にお咎めを受けることはありませんでした。

アナウンサーですから言い間違いもたくさん経験しました。一番覚えているのは「熱湯」の言い間違いです。

当然のことながら、「熱湯」は「ねっとう」と読みます。ですが、頭では分かっているのに現場では別の読み方をしてしまうことがアナウンサーにはたまにあり、この時私は「熱湯」を「ねつゆ」としか読めず、何回も「ねつゆ」と言ってしまいました。

新人の頃は番組の時間配分が上手くできず、ニュースと天気予報の両方を短い時間で読み上げなければならないところを勘違いしてほとんどニュースの時間に当ててしまい、気づいたら残り時間はあと5秒。「続いて天気予報です」と言った後に、「北の風、ええっと（ああもう時間がない）、にご注意ください」で番組を終わらせたこともあります。

でも私にはそんな失敗談が数多くあるお陰で、リスナーの方々に喜んでもらうことができました。

みなさんも「バカだと思われるんじゃないか」などと気にせず、自分の失敗をどんどん話すようにしてみてください。きっと周囲とのコミュニケーションが今よりもずっと円滑に、かつ楽になると思います。

小山薫堂《くんどう》君の繋ぐ力

放送作家でありラジオのパーソナリティなどを務める小山薫堂君は以前（30年ほど前）、私が文化放送を退社し、フリーになった頃にマネージャーをしてもらったことがあります。

今では、芸能界のみならず、ビジネスの世界などでも大活躍している小山君ですが、当時は『吉田照美の夜はこれから　てるてるワイド』のADをしていた縁で、私のマネージャーになってもらいました。

今、大成功を収めている小山君の成長の兆しは、すでにこの頃から現れていました。

当時の小山君は愛車のバイクで街中を駆け巡りながら、常に旬の話題を収集していました。

私に会えば開口一番「照美さん、○○知ってます？」という話から入ってきます。街で見かけた気になる店、話題の商品、変わった人物など、私が頼んでもいないのに、彼は私にそんな「旬な情報」をいろいろと提供してくれました。

今思えば、彼はタウンウォッチング、マンウォッチングを続ける中で、社会の中で生きていく「総合力」を磨いていたのでしょう。

私のマネージャー業などを経た後、彼は一世を風靡《ふうび》した人気番組『料理の鉄人』などにかかわるようになるのですが、そういった人気番組に携わることができたのも、彼の「総合力」の産物だと思います。

小山君が私のマネージャーをしていた頃、「杏仁《あんにん》豆腐のもっともおいしい店はどこだ？」ということで、お互いにいろんな店を食べて回り、あそこがうまい、いやここのほうがうまい、と競うように情報を出し合っていた時期があります。

小山君がすごいのは飲食店に足繁《あししげ》く通うのみならず、その結果、店のスタッフとも仲良くなり、その店が参加する草野球大会などにも選手として出場したりして、「広く浅く」という情報収集のみならず、時と場合によっては「広く深く」人と付き合うことを続けているところでした。

そういうことを続けながら、小山君は人の心をつかみ、そこから生まれた人脈でいろんな番組、あるいはビジネスの成功に繋げていったのだと思います。

きっと彼には「情報を繋ぐ」「人を繋ぐ」といった「繋ぐ才能」があるのでしょう。

これはきっと私たちが真似をしようとしても、そう簡単にできるものではないのかもしれません。

でも、彼の「自分の得た情報が誰かの役に立ったらうれしい」という基本的なサービス精神は大いに見習うべきところがあると感じます。

さらに小山君がすごいのは、これまでの成功が決して「自分が儲《もう》けるため」「得するため」に行われた結果ではないところです。

彼は純粋に「人と触れ合うこと」や「新たな情報を集めること」が好きなだけなのです。そしてその結果、いろんな成功が後から付いてきた。人との触れ合い、会話を盛り上げる上で、彼の生き様はとても参考になるところが多いような気がします。

「あの人と一緒にいると楽しい」

「あの人からはいつも面白い話が聞ける」

相手をそんな風に思わせてしまう小山君のような人はまさに「コミュニケーションの達人」と言っていいでしょう。

小山君のような人を見るとなおさら感じることですが、相手との会話を楽しむ上で、上辺だけの「話し方」の技術を磨いただけでは本当の「コミュニケーション」にはなり得ないと私は思います。

その人が本当に相手を楽しませようとしているかどうか。相手を知りたいと思っているかどうか。そんな熱意、真剣さみたいなものが、結局は人の気持ちを動かすことに繋がるのではないでしょうか。

毒蝮《どくまむし》三太夫さんの会話力のすごさ～毒舌は、やさしさとともに～

主にラジオの世界で生きてきた私にとって、「アナウンサー」というより、卓越した「型」を持った「しゃべりのプロ」あるいは「会話のプロ」として尊敬の念を抱く人が何人かいます。

そのうちのひとりが、「おいババア、元気か」などの言葉でお年寄りをいじり倒す毒蝮三太夫さんです。

毒蝮さんがすごいのは、その語り口がひとりではなく、誰かと会話することによって面白さが増幅していく点です。

それも、会話をする相手は同じ芸能人などではなく、市井の人々。町にいるおじいさん、おばあさんと繋がることで、あそこまで会話を楽しくできるのは毒蝮さんをおいてほかにはいません。

しかも毒蝮さんがお年寄りにかける言葉は「おい、クソババア」「やい、くたばり損ない」など、あまりにも乱暴というか、相手を罵るような汚い言葉ばかりです。

それなのに、「おい、クソババア」と言われたほうはみんな笑って対応しています。毒蝮流の話術によって、そこに楽しい空間が成立しているため、おじいさん、おばあさんたちは失礼なことを言われても笑っていられるのです。

毒蝮さんの話術の巧みさは「会話の構成力」がその礎になっているように感じます。一般の人たちと会話する中で、「相手がこう言ってきたらこう返す」という会話の先を読みながら、絡み具合の塩梅《あんばい》をその都度変化させていく。

「この死に損ない」というような、そこだけ切り取ったらとても酷《ひど》い言葉でも、毒蝮さんは「会話の構成力」によってその先々まで考えて話しているため、例えば「ババアががんばって生きてきたから今の日本があるんだよ」というような、酷い言葉をフォローする締めの言葉もきちんと用意しています。ただ単に乱暴な言葉を言い放し、罵るだけ罵ってその後のフォローが何もなしでは、毒蝮さんの人気がここまで高まることはなかったでしょう。

結局のところ、毒蝮さんが人気なのは、世間一般の人たちが毒蝮さんの語り口の中に、毒舌を突き抜けたやさしさがあることを理解したからなのだと思います。

毒蝮さんのやり方が認知されてから、ビートたけしさんやおすぎとピーコのおふたりなど、毒舌を売りにするタレントさんはたくさん出てきましたが、やはりその元祖は毒蝮さんなのです。

また、毒蝮さん独特のあの空間演出はラジオだからできることであって、テレビでやってしまうとあの会話の魅力が半減してしまうような気がします。

聴き手が想像力を働かせて楽しむのがラジオの大きな魅力です。それがテレビだと「まず映像ありき」となりますから、その映像が想像力を妨げることになります。

ラジオだと聴き手は「ババア」がどんな人なのか想像します。そして、そのババアをいじる毒蝮さんの表情を想像する。聴き手の想像力が加わることでラジオはその空間が完成され、その魅力、面白さが2倍にも3倍にもなっていく。このような受け手側の想像力にすべてが委ねられるメディアはラジオ以外にはなく、そこがラジオの最大の魅力だと私は思うのです。

安住紳一郎さんに学ぶ「キャラ作り」の妙味

今、私がラジオやテレビを視聴していて「このアナウンサー、面白いな」と一番感じるのはＴＢＳの安住紳一郎さんです。

安住さんは私が言うまでもなく、今、もっとも人気のあるアナウンサーのひとりですが、「局のアナウンサー」という枠を超えた、個性的なキャラが人気の秘密なのでしょう。

クールなのかと思いきや、くだけたところもあったり、ちょっと話していると腹黒い部分も垣間《かいま》見えてきたりして、安住さんには周囲の人を飽きさせない強烈な個性があります。

これは私の個人的見解ですが、安住さんのキャラは自然に成されたものではなく、しっかりと計算された上で形作られていったものだと思います。

私の経験からも言えますが、アナウンサーというのは素のままでラジオやテレビで活動していくのはちょっときつく、そのような状態で仕事を長く続けていくことはできないものです。

安住さんもきっと今までいろんな番組を経験していく中で、自分なりのデフォルメをしながら、そのキャラを作っていったのでしょう。安住さんは自身のキャラクターを「アナウンサー」という職業に上手く組み込み、現在の芸能界の中でいい立ち位置にいる感じがします。

放送上のキャラクターをどうやって成立させるか。これは安住さんや私のような仕事をしている人間にとって共通の努力目標ですから、それをしっかりとやれている安住さんは私から見ても尊敬できる存在なのです。

ちなみに一般の人が仕事上や友人関係においてキャラを作ることに関しては、それが仕事にプラスになったり、よりよい人間関係をもたらしたりするなら、それは悪いことではないと思います。ただ、自分の個性と離れすぎたキャラ作りは不自然な印象を与えたり、結果的に自分を消耗させたりもしますから、あまり無理をするとマイナスです。あくまで自分の個性の幅の中で、それを上手く生かしたキャラ作りをするべきだと思います。

みのもんたさんのしゃべりのテクニックは国宝級

尊敬できると言えば、文化放送の大先輩であるみのもんたさんも、私には到底太刀打ちできない天性の卓越した話術をお持ちになっている素晴らしいアナウンサーです。

みのさんには、私が新入社員の頃から食事に連れていっていただくなどして大変かわいがってもらいました。

みのさんがすごいのは、仕事をしている時もプライベートの時も、あの語り口調がまったく変わらず、私はそんなみのさんの日常に触れるたびに「口から先に生まれた人っていうのは、みのさんみたいな人のことを言うのだな」と感心しきりでした。

みのさんのすごいところはいくつもありますが、心にもないことを嫌味などまったく感じさせずにさらりと言ってのけるあたりはまさに一級品の話術だと思います。

心にもないことを言うと、普通はそこに何がしかの抵抗を覚えるものです。しかし、みのさんはそれを自身抵抗なく、しかも相手に嫌な思いもさせずにその発言を「笑い」に昇華させてしまう。年配の女性を「お嬢さん」と呼んで、何の違和感も与えないみのさんのしゃべりのテクニックはまさに国宝級の話術といっていいでしょう。

文化放送時代のみのさんとの思い出はいくつもあります。私がまだ新人だったある日、アナウンス室でみのさんが電話をしていました。電話の内容は「夕飯は○○がいい」などとみのさんが夕食に食べたい料理を相手に伝えています。私は「ああ、奥さんと電話してるんだな」と思いました。その頃、新人アナウンサーは番組と番組の間を繋ぐ30秒ほどを埋めるための生番組（ステーションブレークと言います）を担当していました。その日20時30分からの番組はみのさんで、私はその直前のステーションブレークを任されていました。30秒のうち、何を話してもOKだったので私は先ほど見かけたみのさんの様子をしゃべりました。

「この後、みのさんの登場なんですけど、みのさん、先ほどアナウンス室から奥さんに電話をして、番組が終わった後の夕食のリクエストをいろいろしてましして。ほんと愛妻家なんですね。時刻は間もなく8時半になります。ＪＯＱＲ」

そこでスタジオが切り替わってみのさんの番組が始まり、いつもの軽快なしゃべりが聴こえてきました。

ちょっと経《た》って番組がコマーシャルになった瞬間、みのさんがスタジオからアナウンス室にすっ飛んできて、ものすごい剣幕で私にこう言いました。

「お前、何言ってんだ、バカ野郎！　あれはな、女房にじゃねえんだよ！」と言われ、私は「あわわわっ」状態に……。人のプライベート（しかも大先輩の）をあまり放送で語ってはいけないという教訓をこの時に得ました。

みのさんと言えばこんな不思議な行動もありました。

確か私が入社2年目の頃。1年先輩の梶原しげるさんと私、そして1年後輩の社員の3人がみのさんから「飯食いに行くから付いて来い」と言われました。

大先輩の命令のまま、私たち3人はタクシーに詰め込まれ、目的地も分からぬまま、みのさんの言う通りにしていました。

タクシーは六本木のとあるラブホテルの前に到着しました。みのさんはホテルの受付でカギをもらうと「おう、付いて来いよ」と言うので私たちは「何なんだろう？」と不思議に思いつつ、みのさんの後に続きました。

部屋に着くとみのさんは部屋の中を一通りチェックし「よし、ＯＫ！」とか何とか言って、また元の受付にカギを返却し、私たちは再びタクシーに詰め込まれ、今度はみのさん行きつけのスナックに連れていかれました。

あのホテルでの行動はいったい何だったのか？　未《いま》だに意味が分かりません。

と、大分話が逸れてしまいましたが、みのさんも先述の安住さんも、アナウンサーとして強烈な個性を持っています。

そんなまぶしいほどの強烈な個性に出会うたび、私は「自分もまだまだだな」「もっとがんばらなければ」と大いに刺激を受けています。

久米宏さんのFM的洗練

先述したように学生時代、私がまず最初に憧れたアナウンサーは小島一慶さんでした。

そしてその後、私では到底及ばないけれども「あんなしゃべりができたらいいなあ」と感じたのが、小島さんと同じTBSアナウンサーだった久米宏さんです。

ただ、久米さんは二枚目で私とはぜんぜんキャラクターも異なるため、「いいなあ」とは感じましたが「久米さんみたいなアナウンサーになろう」とは決して思いませんでした。私にとっての久米さんは憧れであると同時に、手の届かない雲の上の存在でもあったのです。

久米さんのしゃべりはとにかく洗練されていました。ラジオなどを聴いていても、言葉選びのセンスが抜群で、「すごい！」と何度感心したことか。

久米さんの言葉選びは、自分のアンテナを通して獲得した言葉を「こういった場面で使おう」としっかり想定していたかのような、そんな気配を感じさせるほどに完璧なものでした。

文化放送に入社して間もない頃、担当となった深夜放送の番組で久米さんのフレーズを何度か真似してやってみたことがありますが、私にはとても難しく、長続きはしませんでした。

久米さんのしゃべりを分かりやすく言うと「ＦＭラジオ的なしゃべり方」とでも言いましょうか、何かと騒々しいＡＭラジオとは違い、久米さんのしゃべりは上品でした。

久米さんがさらにすごいのは、洗練されて上品な上に、堅苦しさをそこにまったく感じさせない点です。

徹頭徹尾二枚目を気取るのではなく、絶妙なタイミングで三枚目的なしゃべりを入れて場を和ませる。この塩梅が久米さんは実に巧みでした。


久米さんも文化放送の先輩であるみのもんたさんも、ひと言で言えば「天才型」のしゃべり手だと思います。そういった意味ではテレビ朝日出身の古舘《ふるたち》伊知郎さんも同じ枠に入ってくると思います。みなさん素晴らしいテクニックをお持ちで、私とはまったく違うタイプのしゃべり手です。

とくに天才として秀でているのはみのさんで、久米さんと古舘さんは努力して自分のカラーを獲得した「天才＋努力型」のアナウンサーだと思います。

自分の日常を笑いに変える達人・鶴瓶《つるべ》さん

丸いメガネに人懐っこい笑顔。テレビのバラエティ番組でもおなじみの笑福亭鶴瓶さんは、日常の何気ないことを面白おかしい話にしてしまう達人です。

鶴瓶さんの話が面白いのは、「話の構成術（起承転結）」「話術（しゃべり方）」といった技術的な部分が優れているからだということはもちろんなのですが、そういった技術的なもの以前に、鶴瓶さんは誰よりも「日常」を楽しんでいるから、その話が面白いのだと思います。

鶴瓶さんの話を聴いていると、自分がどれほど日常を無駄に過ごしているかに気づかされます。鶴瓶さんの話は「日々の生活に無駄な瞬間などない」こと、さらに「日常の中に話のネタはそれこそ無数に転がっている」ことを私たちに教えてくれるのです。

例えば、仕事で東京から大阪に新幹線で移動することになった場合、私たちは「新幹線でゆっくりできるな」とか「移動中にパソコンで雑務を片づけちゃおう」と考えます。でも多分、鶴瓶さんは違います。鶴瓶さんはそんな移動中でも、四方にアンテナを張り巡らし、何か発見がないか探しているのです。

鶴瓶さんが優れているのはそれだけではありません。「何をどう話すか」というネタのチョイスとその盛り上げ加減が絶妙なのです。

話の最初から最後まで、何でもかんでも大ウケを狙おうと思って話を構成しても、それでは話にメリハリがなく、味気ないものになってしまいます。

鶴瓶さんの話には「絶対にウケを取る!」というような力みがありません。無理がないからどんな話でも押したり引いたり、あるいは右に逸れたり、左に逸れたり、観客の反応を見ながら縦横無尽に話題を転がしていけるのです。

私たちが鶴瓶さんの話についつい引き込まれてしまうのは、優れた話術だけでなくそういった鶴瓶さんならではの生き方も反映されているからだと思います。

日常を無駄にせず、いろんなことを発見し、それを力みなく、メリハリを効かせて相手に話す。1度、鶴瓶さんの話し方を参考にしてみてはいかがでしょうか。

第3章　頭がいい人の話し方

「伝える力」があるのが頭がいい人

基本的に会話を盛り上げる力の源となるのは「想像力」です。「この人と話していても楽しくないな」と感じさせるのは大抵、想像力のない人です。

想像力を働かせながら「この人にはこういう風に話せば伝わるかな」と努力をしている人とは話していても楽しいし、「頭のいい人」だなと思います。

専門的な単語を並べて自分しか分からないような話をする人、あるいはカタカナ言葉を多用する人などは自分では「頭がいい」と思っているのかもしれませんが、私から見ればとても「頭がいい」とは思えません。

最新の時事ネタを話の中に盛り込むことは結構ですが、話す内容が時事ネタばかりになってても会話が味気ないものになってしまいます。時事ネタを多少盛り込む分には「あ、この人はいろんな情報を持っているな」と相手も思ってくれますが、そればかりになってしまうと「会話のつまらない人」となりかねませんので注意が必要でしょう。

また、世の中には相手を煙に巻くためにわざと理解できないような難しい言葉を並べて話したり、話をはぐらかすために意味不明なことを言ったりする人もいます。そう、政治家のみなさんがその典型的なタイプです。

私がこの仕事をしていていつも気をつけているのは、「どんな相手にも伝わるように、分かりやすく話す」ということです。

例えそれが専門的な内容であったとしても、それをできる限り分かりやすく話し、中学生くらいの人にも伝わるように努める。作家の井上ひさしさんが、「むずかしいことをやさしく、やさしいことをふかく、ふかいことをおもしろく」ということを言っていましたが、まさに「むずかしいこと」は相手に分かるようやさしく言い換えて伝えなくてはいけません。そして仮に相手が自分より目下の人、あるいは年下の人でも、常に「立場は対等である」ということを明確にしておく必要があります。

そういった気遣いのできる人が、良好なコミュニケーションを築けるようになるのです。

苦手な人は会話力を磨いてくれる

対人関係において誰にでも「合う人」「合わない人」はいると思います。「合う人」とは何気ない会話でも盛り上がり、楽しい時を過ごすことができますが、「合わない人」とはなぜか会話が嚙《か》み合わず、会話もなかなか盛り上がりません。

人は誰でもなるべくなら「楽しく生きたい」と思っているはずですから、得意なタイプの「合う人」とは積極的に付き合っても、苦手なタイプである「合わない人」とはどうしても距離を置きがちになってしまいます。

しかし、自分の「しゃべり」「会話術」をより高めていくためには、「得意な人」ばかりでなく「苦手な人」とも話していく必要があります。

自分にとって「苦手な人」はなぜ苦手なのか？　そして「この人との話を盛り上げるにはどうしたらいいのか？」を探っていくことは、決して無駄ではありません。いや、むしろ「苦手な人と話す」ことは、自分の会話術を磨くためには欠かせない要素なのです。

私はアナウンサーになってから現在まで、番組にいろんな人をゲストとしてお招きしてきました。当然ですがゲストの中には私の「得意なタイプ」もいれば「苦手なタイプ」もいます。仕事ですから好き嫌い関係なく、私は番組を盛り上げるためにゲストと話をしてきました。

ＮＨＫの元キャスターでその後は民放などでも活躍されているＫさんを1度、私の番組のゲストにお招きしようとしたことがあります。

それまで私はＫさんに会ったことはありませんでしたが、テレビなどでしゃべっているところを見る限り、私の「苦手なタイプ」でした。

聞くところによるとKさんも私のことを「苦手なタイプ」と思っていたようです。でも、それならばお互いに苦手なもの同士として、番組で何か化学反応が起こるかもしれません。

「よし、Kさんといろんな話をしてやろう」と気合を入れて、私はその日の放送に臨んでいました。

Kさんの登場する時刻が迫ってきます。するとそこにディレクターが血相を変えてやって来て私にこう言いました。

「控え室にいたKさんが『やっぱりこの番組には出たくない』と言って帰っちゃいました！」

理由はどうあれ、生放送でドタキャンなどあり得ません。何が気に食わなくてお帰りになられたのかよく分かりませんが、これでは敵前逃亡です。

さすがの私もこれには頭にきて、その後延々とKさんの悪口を番組で言い続けてしまいました。

結局私はその後もKさんとは話したことがないのですが、みなさんは「得意なタイプ」と「苦手なタイプ」、どちらの人と話しているほうが会話が盛り上がりますか？　聞くまでもないですね。普通は「得意なタイプ」と話しているほうが盛り上がるに決まっています。私もプライベートではそうです。

でも、こと仕事（ラジオやテレビの番組）において誰かとトークするとなると話が違ってきます。不思議なことに「苦手なタイプ」をゲストに招いた時のほうが番組が面白くなるのです。

私が昔から憧れていたような人や「会って話がしてみたい」と思っている人などをゲストに招くと、相手の情報（何をしてきたか、何が好きか、何に興味があるか）は事前に獲得済みです。

すると、相手から引き出した答えがほとんど知っていることばかりだったりして、何を聞いても新鮮味がなく、聞いているうちにこちらがつまらなくなってきてしまうのです。

逆に苦手なタイプを招いた場合は、そこに変な馴《な》れ合いもなく、ある程度の緊張感を持って相手と接することができます。その際、相手のいいところ、面白いところを見つけてやろうという気持ちも持つようにします。

そのような構えでトークを進めていくと「苦手」だと思っていた相手が意外とそうでもなかったり、あるいは予想だにしなかった答えを引き出せたりして、番組が思っていた以上に盛り上がることが多々あります。

相手に対して「この人、苦手だな」とあなたが思ったとしたら、そのような気持ちは相手に伝わりやすいですから、恐らく相手も同じようにあなたのことを「苦手だな」と感じていると思います。

プライベートで苦手な相手に巡り合った場合、その時は適当に話を合わせて終わりにすれば済む話ですが、仕事などの公の場面ではそのような対応で済ませるわけにはいきません。

仕事の取引先の大事な相手なのに、「苦手なタイプだから」と対応を蔑《ないがし》ろにしていたら取引は無効となり、あなた自身の社内での評価が下がることにも繋がってしまいます。

そんな最悪の状況にならないように、普段から「苦手だな」と感じるタイプとも積極的に交流を図っていくようにしてみたらどうでしょうか。

人生、何事も勉強です。苦手なタイプとあえて話すことであなたのコミュニケーション能力は確実にアップします。さらに、分け隔てなくいろんな人と付き合うことでそこに発見や感動が生まれ、あなたの人生の彩りをより豊かなものにしてくれると思います。

会話の糸口は相手の「熱量」を探ることから

初対面の人と会話をする際、やはり「どんなことから話すか」という話の切り出し方はとても重要です。

初対面の相手だとその人の趣味嗜好《しこう》などほとんど知らないわけですから、どんな話に相手が乗ってくるのか見当のつけようがありません。

ですから、まずは差し障りのない雑談を交わしながら相手の趣味や嗜好性がどこに向いているのかを探り、そこから分かったことを元に、会話を広げていけばいいと思います。

例え無口な人であっても、やはり自分の趣味に関することは進んで話してくれるはずです。

「最近のマイブームは何ですか?」と聞けば、大抵の人がひとつやふたつ、マイブームを語ってくれますから、そういった相手の熱量の高い事柄を会話の糸口として、話を進めていけばいいのです。

「マイブーム」について聞くのが、会話の最初の取っかかりとしては持ってこいですが、ごくまれに「マイブームなんてないなぁ」という人や、自分の趣味などを語りたがらず、話に乗ってこない人もいたりします。

そんな時は、最後の手段として自分のマイブームについてしゃべってしまうのもひとつの手です。

自分にとって一番熱量のある事柄であれば、いろんなアプローチで話すことができますから、相手の表情などを見ながら何に一番乗ってくるのかを探っていくといいでしょう。

わざと自分の隙を見せる

私が初対面の人と話す上でもっとも大切にしているのは「相手が話しやすい空気感を作

る」ということです。

ガチガチの真面目な雰囲気でいきなり接したら、相手のほうだって構えてしまいます。ですからそうならないように、あえて隙を作ったり、または自分の失敗談などを披露して、まずは相手にリラックスしてもらうのです。

会話をしていく中で、「私には何を話しても大丈夫ですよ」という「無害感」を相手に与えられればその会話は大成功と言えます。

相手の警戒心を解くために「あえて隙を作る」と先述しましたが、その「隙」はまずは自分自身を相手にさらけ出すことだと思います。

それは失敗談でもいいでしょうし、自分の「ダメな部分」をあえてさらけ出してもいいでしょう。

相手の警戒心を解くには、まずは自分が無害であることを相手に理解してもらう。それが一番大切です。

無口な人が会話力を鍛えてくれる

新人アナウンサーだった頃、私は大相撲の支度部屋の様子をリポートする担当になったことがあります。

支度部屋で注目の力士にインタビューしたり、大一番を前に力士が支度部屋でどのように過ごしているのか、そういったことをリポートすることが私の仕事でした。

基本的にお相撲さんは無口な人が多く、そういった「寡黙なタイプの人から話を聞き出す」のに当初はとても苦労しました。

寡黙な力士は「今日の一番はどうでしたか？」などと聞いてもまともに答えてはくれません。無口な力士から答えを引き出すには、まず相手のことを知り（生い立ちや相撲部屋での様子など）、その一番にどのような気持ちで臨んでいたのかを理解していなければなりません。

そのために私はあらゆる情報を集めるために力士の支度部屋での様子をつぶさにチェックしたり、あるいは付き人の方々から話を聞くなどしてネタを集めたものです。

そんなことを続けていたある日、私は「無口な人と会話することによって、自分の会話能力が高まっている」ことを実感しました。

無口な人から答えを引き出すための質問力や間合い、さらに日頃の観察力といったものが知らず知らずのうちに磨かれていたのです。

以降、私は無口な人やぶっきらぼうな人と接しても「この人は自分の会話能力を高めてくれる人だ」と思えるようになりました。

「この人、無口だから嫌だなぁ」というネガティブな気持ちでコミュニケーションを取ると、それは自分の身にならないどころか、自分のコミュニケーション能力を下げることにもなりかねません。

無口な人に限らず、「ちょっと苦手だなぁ」と思うようなタイプこそ、「この人は自分を成長させてくれる存在なんだ」と思って接することが大切なのではないでしょうか。

会話とは「生もの」ですから、自分と相手の掛け合いが上手く噛み合って初めて面白い会話になるわけです。

どちらか一方が引いてしまっていたり、あるいはブレーキをかけているような状況では、まず面白い会話は成立しないと考えていいと思います。

口数が少ない人と話す時は、多弁な人と同じペースで返答を待っていたらそれこそ会話の間合いが崩れてしまいます。

そんな時は急がず慌てず、ゆっくりと。相手から答えが返ってくるまでじっくり待ち、質問も端的に要点を絞って聞く。そうやって相手のペースに合わせてあげることが何よりも大切で、これは無口な人と接していかなければ決して身に付かない力なのです。

みなさんは多弁な人からのほうがいろんな情報が得られると思っているかもしれませんが、逆に無口な人との会話のほうが中身の濃い話ができる場合が多々あります。

「無口」と一言で言っても、何事も熟考するタイプだったり、言葉の選択に時間をかけるタイプだったりと様々です。無口な人は決して会話能力が劣っているわけではなく、それぞれに口数の少ない理由があるのです。

無口な人は自分のコミュニケーション能力を高めてくれる存在である。そのことを頭の片隅に置いておくと、どんな人との会話も自分のプラスにすることができるようになると思います。

「ダメな部分」を自覚すればプレッシャーが減る

「照美さんはアナウンサーになってからいろんなプレッシャーがあったと思うんですけど、そういったプレッシャーとどう対峙《たいじ》してきたんですか?」というような質問をリスナーの方からたまに受けることがあります。

身も蓋もない答えとなってしまうのですが、実は私はアナウンサーになってからプレッシャーというものを感じたことがありません。

私がなぜ、プレッシャーを感じずに今までやって来ることができたのか。それは、私が無責任極まりない男だったから? 確かにそれは一理ありますが、ちょっと違います。では、私が優れたアナウンサーだったから? いえいえ、答えはまったくその逆。私は自分が「ダメ人間」だと思っているから、プレッシャーを感じることなく、今までやって来ることができたのです。

私は声質がいいわけでも、滑舌が極めていいわけでもありません。素質的にはアナウンサーとしては落第生です。アナウンサーとして文化放送に入社した時も「何で俺が採用されたんだろう？」と思うこともしばしば。それくらい、私は自分のことをダメな存在だと認識していました。

しかし、だからといって私は悲観的にならず、「だったらアナウンサーっぽくないアナウンサーになろう」と決めました。

「笑われてもいい。バカにされてもいい。ほかのアナウンサーにはできないことを、自分にしかできないことを徹底してやってやろう」

そう腹をくくると、不思議なものでプレッシャーはまったくなくなり、「吉田照美のオリジナリティ」を出せるようになっていきました。

マンネリという「壁」を越える

そんなわけでプレッシャーは感じてこなかったものの、仕事に行き詰まり、「壁」を感じることは多々ありました。

私にとっての「壁」とは、一言で言えば「マンネリ」でした。

自分自身の表現、話し方のマンネリ、番組企画のマンネリ、そういったあらゆるマンネりをどうやって打破していくか。

マンネリ感に埋没せず、新たな道を進んでいくには「昨日の自分」を超えていくしか方法はありません。

格好のいい言い方になってしまいますが、この仕事に就いてからというもの、今日まで毎日が「自分との闘い」でした。

仕事や人生において、「壁」の存在を無視して生きていくのは誰にもできないことです。

「壁」は誰の目の前にも必ず現れます。本書では話し方や人とのコミュニケーション方法がどうなったらよくなっていくかを述べていますが、話し方にしろ、対人関係にしろ、それをいいものにすべく追求していけば「壁」はきっと目の前に現れるはずです。

私の場合、「壁」を越えていくためには、発想の転換が必要でした。だから私は「壁」の存在を感じ取った時はいつも、自分をリフレッシュさせるにはどうしたらいいかを真っ先に考えました。

自分をリフレッシュさせるには、驚いたり、感動したりできる刺激的な物事に触れるのが一番の対処法だと思います。

私は芸能界の尊敬している方々と話をしたり、ジャンルを問わず「あの人に会ってみたいな」と思っていた人とお会いしたり、そうやって外部から刺激を受けることで気持ちをリフレッシュし、マンネリから生まれる「壁」を越えてきました。

相手を怒らせてしまった時の対処法

話をしている最中にふと発した言葉によって相手の怒りを買ってしまったという経験は多かれ少なかれ、誰にでもあることだと思います。

私も番組内で招いたゲストなどを怒らせてしまった経験は何度もあります。そんな時は誠心誠意、謝罪の気持ちを表し、相手の怒りが鎮まるまでその言い分をしっかりと聞くようにするしか対処法はないと思います。

以前、私のラジオ番組に俳優の天本英世《あまもとひでよ》さんをお招きした時のことです。

天本さんと言えば名バイプレーヤーとして知られ、ゲストにお招きした当時は人気バラエティ番組『たけし・逸見の平成教育委員会』に生徒役（東京大学出身解答者）としてレギュラー出演し、人気を博していました。

私のラジオ番組の放送当日、天本さんは私たちが放送前に打ち合わせをしているところに現れました。

その日の台本をパラパラとめくりながら読んでいた天本さん。しばらくすると天本さんの表情が一変し、突然立ち上がったかと思うと「君たちはこんな質問をするために僕を呼んだのか！」と怒り出しました。

当時の天本さんは『平成教育委員会』の解答者として大変人気があったため、様々なメディアで平成教育委員会のことを聞かれており、「番組のことはもう勘弁してくれ」と辟易《へきえき》していたようです。

そんな中で私たちの番組の台本に平成教育委員会の質問がいくつかあったため、天本さんは怒り出したのです。

番組のスタッフは突然のことで泡を食ってしまい、天本さんに何も言えません。しょうがなく私が「分かりました。ではもう平成教育委員会のことは質問事項から外します。それ以外のことに関してご質問しますので、ひとつ宜《よろ》しくお願いします」と話すと天本さんも納得し、矛を収めてくれました。

ホッとしたのも束《つか》の間《ま》。本番となり、そこでまさかの天本さん2度目の「大激怒」が飛び出しました。

スタッフが用意してくれた天本さんのプロフィールには『平成教育委員会』の情報のほか、スペインがとてもお好きなことや「無政府主義者（アナーキスト）であると公言している」といったことが記載されていました。

私は何を話したらよいものかネタに困っていましたから「アナーキスト」の文字を見て、迷わず飛び付きました。

そして、軽いノリで「天本さんはご自身のことをアナーキストと認めておられるようですけど、国がアナーキーな状態になったりすると、例えば泥棒が横行したりとか、犯罪が増えたりはしませんかねぇ。女の人だって夜は危なくて出歩けないでしょ。ひょっとしたらレイプなんてこともあるわけで……」と話を振ってみました。

「レイプ」と言った瞬間、天本さんの表情が一変しました。私には天本さんのこめかみあたりの血管が「プッン」と切れる音まで聞こえた気がしました。

「やばい……」と思ったその瞬間、天本さんは「君はアナーキストのことを何だと思っているんだ！」とオンエア中にもかかわらず烈火の如《ごと》く怒り始めました。

私も臆病なほうですからものすごい剣幕で怒鳴られた瞬間は多少萎縮してしまったものの、すぐに「これは番組的にちょっと面白いかも」と思い直しました。

私は頭を下げつつ、天本さんの話を聞いていたのですが、その怒りはなかなか収まりません。

「そもそも最近のアナウンサーは勉強不足で何にもモノを知らない！」から始まり、ついには政府への文句にも発展し、当時の竹下登首相を放送禁止的な差別的表現で罵倒する始末……。ひとしきり怒鳴ったところで天本さんの怒りもやっと収まり、少しは普通のトークもできましたが今考えても冷や汗ものの放送でした。

放送中にゲスト（相手）を怒らせることは「番組的においしいからＯＫ」の場合もあれば、生放送中に放送禁止用語を発せられるようなことになれば、パーソナリティ、番組もろとも吹っ飛ぶ大惨事にも繫がりかねません。

ただ、一般の方々にとって「相手を怒らせる」ということは、状況はどうあれできる限り避けたい事態であるはずです。私もプライベートで相手を怒らせるようなことがあれば、「まずいな」と思いますし、動揺もします。

でもそんな時、自分に非があるのであれば素直に謝りますし、相手の解釈に誤解があるようならば、その誤解を解くべく、丁寧に説明するようにしています。

とにかく、相手を怒らせてしまった場合に大切なのは、相手の怒りの矛先を変えてしまうような「はぐらかしの話術」ではなく、「謝る」「誤解を解く」という素直さと誠実さだと思います。

人間関係が幾重にも折り重なって形作られているのがこの社会です。人との関係を断ってこの社会で生きていくことはできませんから、誰かと意見が衝突したり、軋轢《あつれき》が生じたりすることはいくらでもあることです。

そんな時はそこから逃げず、「人生、何事も勉強」だと思って対処していくようにする。それが結果として自分を成長させてくれることに繫がるのです。

雑談の達人になる方法

親子の会話、友達との会話、同僚との会話。日常生活の中で交わされるそれらの会話を「雑談」と呼ぶのであれば、私たちの社会は「雑談」というコミュニケーションを主軸にして成り立っているといっても過言ではないでしょう。

「雑」な「談」と書いて「雑談」ですが、決して「雑」ではありません。雑談の「雑」は「小さなネタ（小ネタ）の集まり」という意味があるのだと思います。

私たちが普段何気なく交わしている会話はすべて雑談です。そしてその中に、自分なりに集めた情報などの小ネタをちりばめながら、私たちは「雑談」という会話によってコミュニケーションを図っているのです。

私は、新聞やテレビ、ネットで得た情報をすぐに小ネタとして雑談に盛り込みます。普段のプライベートでの雑談はもちろんですが、ラジオ番組の冒頭などにもそういった四方《よも》山話《やまばなし》を入れたりもします。

最近使ったのは、テレビのドキュメンタリー番組で見た鳥の話です。普通、鳥はオスとメスが交互に卵を抱いて温めたりしますが、その鳥はオスが巣を守り、卵を温めていました。メスはテリトリーを飛び回り、あっちこっちで卵を産み、それをオスたちが甲斐甲斐《かいがい》しく温めているわけです。そのオスの様子を見て何だかちょっと感動してしまったので、この話はあちこちで使わせてもらいました。

私は普段の生活で気になったことや感動したことを、すぐに小ネタとして会話に使います。

90年代に話題となった海外ドラマ『X－ファイル』シリーズが私は大好きなのですが、その第10シーズンをこの間、CSチャンネルで見て感動したのでそれも雑談に使ったりも。ただ、マニアックすぎたのか、あまり反応してくれる人はいませんでしたが……。

雑談を侮ってはいけませんが、堅苦しく考えてもしょうがありませんから、ある程度割り切って「ダメで元々」の「ダメ元」感覚でどんどん小ネタを使うべきだと思います。そうやって小ネタを使いながら、相手がどれかに乗ってきた時に、そこから本題に入っていけばいいのです。

会話の序盤は落語の「マクラ」のように

私はいくつかのラジオ番組を持っていますが、いつも番組の冒頭（入り）に「どんな話をしようか」と頭を悩ませています。

通常の会話と同様、大抵の場合、旬な情報を盛り込みつつ、軽い話で入っていくのが常套《じょうとう》手段となります。

私が常々「あんな風に冒頭から上手く入っていければ最高なんだけどなぁ」と思っている理想の「会話の入り方」があります。それは落語の「マクラ」です。

落語の「マクラ」とは、本編に入る前に披露する小噺《こばなし》で、噺家さんたちはその「マクラ」を話しながらその日のお客さんの反応を窺《うかが》い、本編にどの演目を持ってくるか決めるのだそうです。

私は落語が大好きなため、今までいろんな噺家さんの落語を聴いてきました。そしてその中でも古今亭志《し》ん生《しょう》の『蛙《かえる》の女郎買い』というマクラほど素晴らしい「つかみ」「入り方」はないと思っています。

『蛙の女郎買い』とはその名の通り、カエルが女郎を買いに行く話です。

2匹のカエルが女郎を買おうと吉原に赴きます。そこで人間の客引きから「お客さん、どの子にしましょうか」と聞かれ、カエルたちはそれぞれに「俺は右から4番目の女がいいな」「俺は左から4番目がいい」と女郎を選ぶのですが客引きと話が噛み合いません。業を煮やした1匹のカエルが「八橋のしかけ（打掛）を着ている子だよ」と言うと、客引きは「それは通りの向かいの店の女郎ですよ」と答えます（カエルは目が後ろに付いているため、反対側の店が見えていたというオチ）。

文字にしてしまうとちょっとつまらないかもしれませんが、これを志ん生の語り口で聴くと実に面白く、CDやDVDなどで何度聴いても飽きません。

志ん生のマクラを聴くたび、私は「こんな話し方ができれば最高なのになぁ」と感心してしまいます。それほどまでに志ん生は会話の名人なのです。

私のラジオ番組を聴いてくれている人たちは、私が過去にラジオで話してきたネタをあらかた知っています。

正直、私も普通の人よりはたくさんのネタを持ち合わせていると思いますが、それにしたってすべてがオリジナリティーあふれるネタというわけではありませんし、1度ウケたネタを何度も使い回してしまうようなところもあります（ファンの方々からは「照美の100回話」と呼ばれています）。

ともかく、本題に入る前の「会話の入り」は「相手の心をいかにつかむか」が肝心です。

そのためには、私が落語のマクラを参考にしているように、語りの上手な有名人や、自分の周りにいる「話し上手な人」の話し方を参考にするといいと思います。

自分のペースに巻き込む人とのコミュニケーション

どんな人と接しても自分のペースを決して崩さず、まるで台風のごとく周囲を巻き込みながら会話を展開していく、自分本位かつ強引なタイプの人がたまにいます。

芸能人でもこの手のタイプは結構いますが、私が今まで仕事でお会いしたことのある方の中でまずパッと思い浮かぶのは、デヴィ夫人やAV監督の村西とおるさんでしょうか。

デヴィ夫人にしろ、村西監督にしろ、自分のペースを決して崩さない人は、確固たる論理と今まで蓄積してきた情報を山ほど持っています。

彼らはそんなたくさんのネタを次から次へと繰り出してきますから、私たちは徹底して聞き役にまわるのがベストなコミュニケーション方法だと思います。

次から次へと話を繰り出してくるタイプは、自分の話が途中で遮られることを極端に嫌う傾向にあります。

相手を自分のペースに巻き込む人は、「自分のペースで話す」ことが快感なわけですから、聞く側は「へえ〜」「それで」「ほう」と感心したり、次の展開を促したりしながらひたすら聞き役のスタンスを取り続けるのが一番です。

自分本位で強引な人を相手にした場合、一番やってはいけないのが「その人のペースを乱して、自分のペースに持っていこうとする」ことです。無理に自分のペースにしようとすると、相手の機嫌を損ねますし、下手をするとそこで会話が破綻してしまいます。

そもそも、自分のペースに周囲を巻き込める人というのは、話し上手な人が多いわけです。

ならば私たちは話の一番面白かったポイントをピックアップして、その話をより深く聞いてあげるようにすれば相手も喜びますし、その場がさらに楽しい空間になると思います。

ただ、時として、そういった人たちにも「反論」しなければならない場合があります。

例えば、相手が明らかに間違った意見を述べている時、それを黙って聞いているのは誰にとっても納得のいかないことでしょう。

そんな時は、相手にある程度話をさせ、論理、主張を一通り聞き出したところで、やんわりとこちら側の思いを伝えるといいと思います。

その際の言い方も「あなたは間違っている。本当はこうなんだ！」などと一方的な物言いをするのはご法度です。

「○○さんの意見は分かります。でも世間的には□□のような意見もありますけど、それについてはどう思われますか？」と、相手を立てつつ「でも」という感じで自分の意見をさりげなく挟むのが一番無難な方法です。

そこで相手を論破したいのであれば、もっとがんばって自分の意見を述べる必要もありますが、普段の会話の中でことを荒立てる必要のない場合は、あくまでも相手を立てつつ、意見するのが最善の方法なのです。

威張る人、傲慢な人との接し方

ある程度の地位に就いている人たちに多いのですが、誰と接しても居丈高に振る舞う傲慢な態度の人をたまに見かけます。

人前で常に威張っている人は、優越感に浸りたいがためにそのような態度を取っているのでしょうが、正直そのような人とはあまり接したくないと誰もが思うはずです（この私ももちろんそうです）。プライベートな場面で威張る人と接した場合は、距離を置いて遠めに眺めていれば済む話です。

しかし、仕事などでどうしてもかかわらなければいけない場合はそうも言っていられません。

私の場合、自分の番組のゲストに威張る人が来たら「これも勉強だ」と腹をくくり、話を伺いながらマンウォッチングに徹します。「自分は何でこういう人間が嫌いなんだろう?」「なぜ、この人は威張り散らすのだろう?」そのようなことを考えながら、ひたすら観察するのです。

自分のコミュニケーション能力を高めるためには、そういった人物と話すことも大切で、その体験は必ずのちに生かされるはずです。


功成り名遂げた人は、往々にして傲慢な態度を取りがちですが、基本的にそういった人たちは承認欲求が強く、誰からも「認められたい」「ほめられたい」と思っています。威張っている人は「いやー、すごいですねー」とみんなから言ってほしいわけです。ならば私たちは素直にそれに乗ってあげて、会話を展開していくのが最善のコミュニケーション方法だと私は考えます。

それなりの業績を収めてきた人は仕事の面においてどこかで秀でた部分がきっとありますから、「どうして成功できたのか」というその秘訣《ひけつ》を探ってみるのもいいかもしれません。

年配の方の手柄話は「黙って聞いてあげる」が正解

威張る人ではありませんが、自分の手柄話、成功談などを会うたびに何度も話す人は結構います（とくに年配の方々に）。

私がお世話になっていた文化放送の三木明博会長にも有名な手柄話がありました。

三木さんの手柄話とは1970年に起きた三島事件（三島由紀夫が自衛隊市ヶ谷駐屯地で総監を監禁し、建物のバルコニーでクーデターを呼びかける演説をした後、割腹自殺を遂げた事件）にかかわるものです。

当時、文化放送は市ヶ谷の駐屯地から程近い四谷にありました。新入社員だった三木さんは三島事件の一報が入るとすぐに行動を起こします。

デンスケという録音機を担ぎ、どのメディアよりも早く現地に到着。バルコニーで演説する三島の声を録音しようと思ったらマイクのポールの長さが足りない。あたりを探すとちょうどいい長さの棒があった。それをポールに結び付けて演説を録音。今でも過去の事件を振り返るテレビ番組などで三島由紀夫の最後の演説の音声が流れることがありますが、あれこそ三木さんが録音した音声なのだそうです。

とまあ、このような話を文化放送在職中は三木さんから何度聞かされたことでしょう。

でも、不思議なことに何度聞いても面白いんですよね。過去の手柄話、成功談といったものには、先人たちの知恵みたいなものが詰め込まれています。何度も同じ話を聞かされる側は「耳にたこ」状態かもしれませんが、手柄話、成功談を称えつつ、参考になる部分は自分に取り入れていくという姿勢で話を聞けばいいのだと思います。

プライベートと仕事をしっかり分けた渥美《あつみ》清さんに学ぶ

個人情報というものが重要視されている現代社会では、一般の方々のプライバシーに関する感覚も昔よりははるかに厳しくなっているように感じます。

今は知らない人に住所、電話番号など教えるのはもっての外の時代ですが、一昔前は電話帳に有名人から一般人まで、あらゆる人の住所と電話番号が載っていました。

そんな何とも大らかな時代でしたから、私のようなラジオのパーソナリティの方々も自分の家族のことなど、プライベートに関することを平気でしゃべっていました。

しかし、今は昔とは違います。プライベートで仲良くしている友達ならともかく、仕事の取引先や会社の同僚などにあまりプライベートを明かさない人もきっと多いでしょう。

こういったプライバシーを重んじる時代にあって、私たちは「プライベートなことはここまで話します」とある程度範囲を決めておくことが重要です。

また、自分が相手のプライベートに関することを聞く場合においても「ここまでは聞く、ここからは聞かない」という「ライン決め」をあらかじめしておくといいと思います。

親友と呼べる存在のような、気の置けない仲間にはそれほど公私の境界線を気にする必要はないでしょうが、仕事関係で付き合いのある人や地域コミュニティの知り合いなど、「そこまで深く付き合っていない」という間柄の場合は、自分自身だけでなく相手に対しても、先に述べた「ライン決め」をしておくに越したことはありません。

映画『男はつらいよ』シリーズで寅さんを演じた渥美清さんは、仕事仲間と食事などをした帰り、タクシーで一緒に帰ったとしても自宅からちょっと離れたところで下車し、自宅を見せなかったそうです。また、長年の共演者である倍賞《ばいしょう》千恵子さんや山田洋次監督といった俳優仲間やスタッフの方々も、どんなに渥美さんと仲良くなっても自宅に招かれた人はいなかったと言います。

個人情報やプライバシーにあまり境界のなかったあの時代に、ここまで公私をきっちり分けていた人も渥美さんをおいてほかにあまり聞いたことがありません。

だからといって渥美さんがとても冷たい人だったかというと、そんなことは決してありません。かつての共演者たちは声を揃《そろ》えて「渥美さんは温かい人だった」と言います。

プライベートと仕事の線引きをしっかりと行い、その中でいろんな人たちと交流を図っていく。このような渥美さんの身の処し方を聞くと、私は「何か、かっこいいなぁ」と思ってしまいます。

プライバシーに関する様々な問題が噴出している現代社会において、渥美さんのような生き方はトラブルを防ぐ意味でも参考にすべきなのかもしれません。

大勢の前で話す時の緊張はどうすればいいか

大勢の人の前で話をしようとする時、大抵の人は多かれ少なかれ緊張をすると思います。

私も学生時代は大勢の前で話すことがとても苦手でした。そんなコミュニケーション下手を何とか克服しようと大学のアナウンス研究会に入り、人前で話すことを何度も繰り返しました。

その後文化放送に入社し、人前で話すことを繰り返してきたため、今ではラジオやテレビの収録で緊張することはなくなりました。

人前で話す時、緊張する理由。それは「慣れていない」からです。ただ、少人数の人前で話す時に緊張しない人でも、大勢の人を前にするとどうしても緊張してしまうことがあると思います。大勢の人の前で話すというのは、一般的な生活をしている人には滅多にない機会ですから、どうしても緊張してしまうのでしょう。

ですから大勢の人を前に緊張してしまう人は、そういった場面に巡り合ったら敬遠せず、どんどん前に出て発言していくべきだと思います。そうやって慣れていくのが緊張を緩和させるのには一番です。

私はラジオやテレビの収録では緊張しませんが、結婚式などの場でスピーチをお願いされるとそういうところにはやはり慣れていませんから緊張します。

どんな人も場違いなところで人前に立たされると緊張するものだと思います。例えばあのビートたけしさんでも、映画監督として舞台で挨拶されている時など、緊張されているのが分かる時があります。

たけしさんのような百戦錬磨のすごい人でも緊張する時があるのですから、私たちのような凡人が緊張するのは当たり前です。

先日、息子の幼馴染《おさななじ》みの女の子（彼女が幼少時代から家族ぐるみの付き合い）の結婚式に招かれ、スピーチをお願いされました。

その女の子の旦那さんが弁護士で、会場にはその関係者が大勢参列しており、普通の結婚式と様子がちょっと違います。

私のスピーチの順番は何と2番目。最初に弁護士の偉い先生が話され、専門的な話をしていたのですが私にはちんぷんかんぷん。そんなお堅い雰囲気のまま、私の番となりました。

ただ、私も職業柄と性格上、笑いを取りたいという思いがあります。そのような邪心が若干あったため、スピーチをする前からやや舞い上がってしまいました。

私は結婚式のスピーチなどでは原稿を用意しません。大まかな起承転結の流れだけ頭に入れ、その流れに沿って話を進めていきます。その女の子の結婚式では、家族ぐるみのお付き合いをしていたこともあり、その子のお母さんの話も交えてスピーチをしました。

以前、私は自宅でラブラドールレトリバーを飼っていました。犬は飼い主に似ると言いますが、この犬が本当にバカ犬で家族の言うことをまったく聞きません。

あまりのわがまま犬ぶりに家族も弱り果て、犬のトレーナーに預け、しつけをしてもらったこともあります。しかし、しつけをした直後はいいのですが、しばらく経つとまた元のわがまま犬に戻ってしまいます。

そんなある日、女の子のお母さんが我が家を訪ねてきました。するとどうでしょう、我が家のバカ犬は何とアイコンタクトでそのお母さんの言うことを聞いたのです。きっとそのお母さんには我が家族にはない「威厳」のようなものがあったのでしょう。バカ犬が大人しくそのお母さんの言うことを聞いているものですから、これには私たち家族も驚いてしまいました。

　スピーチではそんな話をしつつ、「そんなお母さんに育てられた子なので、きっと家庭でもしっかりと旦那さんをアイコンタクトでコントロールしつつ、家を守ってくれると思います。でも旦那さんは犬のように扱われないように、それだけはお気をつけくださいね」という形で話を締めくくりました。

　しかし、笑いを取ろうと意気込んでしゃべった話は、お堅い方が多く集まっている雰囲気も手伝ってか、まったくウケませんでした……。

　大勢の人を前に話す場合、最初に一声出すと大抵の場合、落ち着くことができます。

　また、そういった場面で必要以上に上がらないようにするには、「普段の自分でいる」ように心がければいいと思います。

　なぜ緊張するのかと言えば、「いい話をしよう」とか「みんなを感動させよう」と、結果にこだわるからです。

　自分の実力以上の結果を求めるから緊張してしまうのであれば、結果など気にせず、「いつもの自分を出そう」と思えばいいのです。

先述した私のスピーチの時のように、笑いを取ろうとか、ウケようとか、そんな邪心が入るから人は普段の自分でいられなくなってしまうのだと思います。

「つまらなくたっていいんだ。盛り上がらなくても普通に終わればそれが一番いい」と思えば、緊張は大分和らいでいくはずです。

会話の「間」は相手のリズムに合わせる

会話のキャッチボールをしている中で、「間」というのは必ず生まれます。ゆっくり話す人と話していれば「間」は多くなるでしょうし、早口でまくしたてるように話す人との会話では逆に「間」がほとんどなくなります。

ただ、普段の会話において「間」を取らない人というのはあまりいないようにも感じます。

例えば早口、多弁で有名な声優の金田朋子《ともこ》さんのようなしゃべり方をする人は、一般的にはあまりいません。金田さんのようなしゃべり方をする人と会話する場合は、こちら側も相手の早い「間」に合わせなければなりません。しかし、あれほど早い「間」の人はほとんどいませんから、早い「間」を一般の方々がそれほど意識する必要はないと思います。

気をつけなければならないのは、相手が普通の「間」で話しているのに、こちらがそのリズムを崩すようなのんびりした「間」で会話することです。

会話のリズムが合わなければ、相手に「ノリが悪いな」「私と会話したくないのかな?」「この人、変わり者なのかな?」などいろんな悪い印象を与えることになりますから、会話の「間」は相手のリズムに合わせることを常に意識の片隅に置いておくようにしたほうがいいでしょう。

私が仕事をしているラジオ業界では、番組内で10秒程度、「間」(無音状態)が空いたら「放送事故」と言われています。

ですから、私たちパーソナリティは必然的に「間」をあまり作らないようなしゃべり方になりますし、それが癖となりプライベートでのしゃべり方も一般の方々よりは「間」がないかもしれません。

ただ、最近は年を取ったからか、しゃべりのスピードは若い頃より明らかに落ちていると思います。

また、こちらも年のせいか人の名前や本や映画の作品名といった「固有名詞」が思い出せなくなってきているため、予期せぬ「間」ができてしまうことも公私問わず、多々あります。ただ、この「間」は年齢から来るもので抗《あらが》うことはできませんので、そういった時は会話している相手に固有名詞を思い出してもらうなどして対応するようにしています。

明るい印象を与える話し方の秘訣

いるだけで周りを明るくする、いわゆる「華のある人」というのは確かに存在します。芸能界では明石家さんまさんなどがいい例でしょう。

「周りを明るくするにはどんな話し方をすればいいんですか？」とたまに聞かれることもありますが、同じことを話したとしても周りを「明るく」する人もいれば、逆に「暗く」してしまう人もいます。

なぜ、同じことを話しているのに周りの人たちの受け止め方が違ってくるのか？　これには話し方というより、その人の性格が大きく関与しているように思います。

もし暗い性格の人で「もっと明るく話したい」と思っている人がいるとしたら、「自分の話し方はなぜ暗く感じてしまうのか？」をしっかりと検証してから、話し方を変える努力をすべきでしょう。

第2章で説明しましたが、録音機器で自分のしゃべりを録音し、自分の声、話し方を客観的に聴くことはとても大切です。

録音した自分の話し声を聴き、どう改善していったらいいかを考えるのです。そこである程度進むべき方向が見えたら、後は理想とする有名人、芸能人の話し方などを参考に、話し方を変える努力をコツコツとしていくしか方法はありません。

私の学生時代がそうだったように、こういった努力を1年も続けていれば必ず成果は得られます。

会社の企画会議で大勢を前に発表する時、「暗い話し方」でプレゼンするより、「明るい話し方」で笑いなども交えながらプレゼンしたほうが周囲の評価は高くなるはずです。

同様に、営業で毎日飛び回っているサラリーマンの方々も、新規の顧客をつかむための営業トークは明るいほうがいいに決まっています。「私は暗い性格だから、明るく話すなんてできない」と最初からあきらめず、ぜひチャレンジしてみてほしいと思います。

周りを明るくする話し方は性格によるところが多分にありますが、技術的な部分で言うと、話すテーマ、話題選びも重要なポイントです。

話の面白い人は好奇心が強く、いろんな物事に関心を持っているので話題も豊富です。「こんな面白いことがあった」「こんなおいしいものを食べた」「こんなきれいな景色を見た」「あの作品は感動した」といった話ができる人は、まず間違いなく周りを明るくできる人です。

しゃべり方はもちろんですが、やはり「面白いネタ」を持っている人、面白いネタを集めるために日々好奇心を持ってアクティブに動き回っている人は、きっと周囲の人から「あの人といると楽しい」と思ってもらえるはずです。

「いつでも面白いネタを披露しますよ」という心づもりと努力が周りを明るくするのです。

しゃべり方を変える努力、そしてネタを集める努力もしない人は多分暗くなっていく一方ですし、仕事でもプライベートでも仲間がどんどんあなたから離れていってしまうことでしょう。

明るく話のできる人を目指すか、暗い性格のまま生きていくか。どちらを選ぶかはその人の自由ですが、「生き方は自分で変えられる」ことだけは忘れないでください。

「丁寧」でいくか、「フレンドリー」でいくか?

目上の人に対する言葉遣いは敬語で話すのが基本で、どんなに丁寧な言葉遣いをしたとしても、行きすぎることはないと思います。

また、敬語の使い方をちょっと間違ったとしても、相手は「私に気を遣ってくれているんだな」と思ってくれるでしょうから、「正しい敬語を使おう」と気にする必要もあまりないと思います。

気をつけなければいけないのは、親近感を演出しようとするあまり、友達や年下の相手に接するように、目上の人にもフレンドリーな接し方をしてしまうことです。

日本語は難しいですから、アナウンサー出身であるこの私も、正しい敬語が使えているかどうか定かではありません。しかし、仕事でもプライベートでも、目上の人に対して丁寧な敬語を使って接するというスタンスだけは保っていくつもりです。

ここまでは目上の人との関係性について触れてきましたが、ここからは目下の人、下の立場の人との関係性について述べてみたいと思います。

私も60歳台後半に入り、気がつけば周りにはあまり「目上の人」がいなくなってしまいました。

その代わり、「目下の人」「年下の人」がどんどん増えてきたわけですが、ラジオ番組のスタッフほか、周囲の人たちから私は「親しみやすい人」と思われているせいか、年下の人でも私にとてもフレンドリーに接してきます。私自身が目上の人たちと接する時のような気遣いがほとんど感じられないのです。

ラジオ番組などでアシスタントを務めてくれているタレントさんも、タメ口こそ利かないものの、私への接し方はまさにフレンドリーそのもので、場合によっては「俺のことバカにしてんじゃないの？」と思ってしまうほどのツッコミをされることもあります。

しかし、最近ではそうやって私にフレンドリーに接してくれることを「ありがたいな」と感じるようになりました。

人間、年を取ってくるとどうしても周囲から「煙たい存在」として見られがちです。「尊敬」や「敬う」という行為を起こさせるその裏には、多かれ少なかれ「付き合い辛《づら》い」というマイナスの要素も入り込んでいます。

私が年下の人たちからフレンドリーに接してもらえるのは、私を煙たいと思っていない証拠、あるいは付き合い辛いと思っていない証拠ですから、私としてはそれがとてもありがたく感じるのです。

近年、情報収集、情報発信のために私もツイッターを愛用していますが、たまにものすごく無礼なリプライ（返信・返事）を受けることがあります。

名前も隠した、どこの誰だか分からない人（しかも多分私よりも年下）から「吉田照美、ふざけたこと言ってんな」というような罵詈雑言《ばりぞうごん》を浴びせられるのですからたまったものではありません。

目上の人、年上の人と接する場合、フレンドリーな接し方はある範囲までは許されると思いますが、上から目線でどちらが目上か年上か分からないような接し方をするのだけは確実にNGだと思います。

目上の人、年上の人を敬う。これは社会的な決まりごと、礼儀として守らなければいけないものです。

これは私の経験上言えることなのですが、芸術家、学者、専門家を問わず、社会的に高い評価を受けている権威のある人は、実際に会ってみるととても腰が低く、こちらが恐縮してしまうくらい丁寧に受け答えをしてくれます。

芸能界の重鎮であるビートたけしさんは、テレビなどではふざけた感じで映っていますが、実際にマンツーマンでお話ししたりすると「えっ、こんなに丁寧な言葉遣いをするんだ」と驚くほど礼儀正しく、物腰もやわらかです。実は本当にビッグな人ほど言葉遣いや人と接する時の態度はとても丁寧なのです。

「先回りできる感性」で沈黙を回避する

会話の中でふとした瞬間に沈黙の「間」ができたりします。私の仕事であるラジオの場合、沈黙はできる限り避けなければならないのですが、普段の生活の中での会話で沈黙ができても私はそれほど気にしません。

ただ、相手によっては「沈黙」を気にする時もあると思います。

例えば、あなたが思いを寄せている異性と話をしているとしましょう。会話の最中に「間」ができたら、「私と一緒にいてもつまらないのかな？」「面白くないやつと思われていないかな」といった思いがよぎり、誰でも多少は焦るはずです。

そんな時、人は頭をフル回転させ、盛り上がりそうな話題、ネタを見つけて沈黙を一刻も早く終わらせようとするものです。

沈黙が発生した場合は次の話題を展開するしかありませんから、次に取り上げるのにふさわしい話題はチョイスごとに全神経を集中させるべきでしょう。

テンポよく会話を続けていくには、相手との相性も当然関係してきますが、何よりも「沈黙が起きないように、常に〝その先〟を考えておく」ことが大切です。

「先回りできる感性」とでも言えばいいのでしょうか。会話が滞りがちだとしたら、将棋の「次の一手」のように、打つべき「手」(この場合なら話のネタ)を何手か考えておく必要があると思います。

会話の最中に沈黙の訪れる原因が「会話が盛り下がっているから」であるとするなら、その状況を盛り上げる方向に変えていくための対処を早急にしなければなりません。沈黙の最中に次の展開を読んでいくのはなかなか大変なことですが、何事も「慣れ」です。

会話は1回限りの勝負ではありません。人生を続けている限り、会話する機会はそれこそ何千、何万回も訪れます。ですからみなさんには失敗を恐れず、何度も経験を重ねて「先回りできる感性」を磨いてほしいと思います。

頑固な人とは上手な距離を取る

固定観念の強い人や思い込みの激しい人と会話するのは、何かと気を遣うため疲れるものです。

今は報道の世界でもそのメディアによって解釈や表現がまったく違うので、固定観念や思い込みの激しい人はどんどん増えているようにも感じます。

日本人のほとんどは天下のNHKが言っていることだから正しいと思っているかもしれませんが、本当にそうでしょうか?

「〇〇こそが正しい」としている人に「それは違う」ということを理解させるのは大変な作業です。

そんな時は、その人の固定観念を崩すため、新たな「事実」を提示する必要があります。

新たな事実を提示されれば、固定観念の強い人も「あ、そんな事実があったのか」とある程度納得してくれます。そのような努力をせずに、固定観念の強い人の考え方を改めるような深い話をすることは避けたほうがいいと思います。

今の社会は報道に携わるメディアも大分偏った報道をするようになっています。「読売新聞」や「産経新聞」を読んでいる人と「東京新聞」や「朝日新聞」を読んでいる人は話がまったく噛み合わないでしょうし、「日刊ゲンダイ」と「週刊文春」を読んでいる人も会話は成り立たないように思います。

頑固親父と呼ばれるような頑《かたく》ななタイプの考え方を変えさせるのはなかなか難しいですし、それが政治の主義、主張となるとより一層困難を極めます。

メディアが人々の主義主張を分断してしまっていますから、それぞれの思い込みを溶かすには相当の時間が必要なようにも思います。

考え方が対極にあるもの同士が話をする時、相手を「理解しよう」とするから衝突が起こるのではないでしょうか。これは世界の「宗教戦争」を見ても明らかです。

では、「理解」ではなく、何が必要なのか。私はそれは「距離感」だと思います。お互いの距離感を縮めつつ、適度な距離感を保っていくのです。

この「絶妙な距離感を保つ」ことは、人と人のコミュニケーションの基本でもあります。

何事も「近すぎず、遠すぎず」を忘れずに、ほどよい距離感を保ちながら、コミュニケーションを取るようにしていくといいと思います。

巧みなセールストークの先にあるもの

私は昔から商売のセールストークに乗せられやすいところがあり、店員さんなどの口車に乗せられ、紛《まが》い物《もの》を買わされたり、本当は必要としていないものを買わされたことが幾度もあります。

高校時代、駅前を歩いていたらパッとおじさんが近づいてきて「これ見て。これ使うと靴墨なんか塗らなくても革靴がピカピカになるのよ、ほら」と言って布のようなものでサッと私の靴を拭きました。するとくすんでいた私の革靴が本当にピカピカに。おじさんが「安くしとくよ」と言うので私は思わずその布を買ってしまいました。

家に帰って母に「これで靴を拭くとピカピカになるんだよ」と買ってきたその布を見せ

ると開口一番「あんた何騙《だま》されてるの？　そんなの拭いた時だけきれいになってすぐに汚くなっちゃうんだから」と言われ、自分の革靴を見ると先ほどの輝きは失われ、すでにくすんでいました。

大学時代、家に電話がかかってきて「語学を学ぶための機材が当選いたしました」と言われ、駅前の喫茶店でその当選品を受け取ることになりました。

どこかに応募したわけでもないのに「当選」という時点で怪しいのですが、私は喫茶店にそのまま行ってしまいました。喫茶店でその担当者と話していると、「これとこれを買っていただかないと、当選品はお渡しできません」となり、その時点でやっと「あ、これは詐欺だな」と気づき、無駄な買い物はせずに済みました。

私のようにセールストークに乗せられてしまうタイプの人は結構いると思いますが、私たちはなぜセールストークに騙されてしまうのでしょうか？　そこにはきっと自分のしゃべる技術を向上させるのに参考になることが隠されているように思います。

セールストークの上手い店員は、特典を「よりよく見せる」ための話術に長けています。

例えそこにちょっとした「マイナス要素」が含まれていたとしても、彼らはその巧みな話術によって欠点をまったく目立たなくさせてしまうのです。

また、彼らは客に断る隙を与えない、会話の絶妙な「間」も心得ています。セールストークに騙される人たちは、彼らの繰り出す言葉の魔法にかかってしまっているのでしょう。

「オカマバー」の秘密

セールストークといえば、水商売のプロの女性たちのいる店（スナックやキャバクラなど）にたまに付き合いで行きますが、そういった店で働く女性のトークで関心したことはあまりありません。

これは私が「しゃべること」を生業にしているからでしょうか。スナックやキャバクラに行っても、逆にこちらが気を遣って接客の女性スタッフたちを盛り上げたりして、「むしろ俺にギャラくれよ」と言いたくなることが多いのです。

仕事で付き合いのある、なべやかんちゃんに新宿のキャバクラに連れていってもらった時も、そこは結構有名な店らしいのですがまったく面白くありませんでした。キャバクラに行くくらいなら、新宿2丁目に多い「オカマバー」に行ったほうがよっぽど楽しめます。

彼女たちのあのトークの面白さは何なんでしょうか。今でもおすぎさんやマツコ・デラックスさんなどが芸能界では活躍をされていますが、2丁目のオカマのみなさんが芸能界にこぞってやって来たら、私など商売上がったりの状態になってしまうかもしれません。おすぎさんやマツコさんは実際にお会いしても本当にトークが上手で感心します。私はそこに「会話術の肝」があるような気がします。

2丁目のオカマバーがキャバクラよりも面白いのは、お世辞を言わないからだと思います。

お上手を言わず、嘘をつかず、毒舌とも言える本音トークをするので聞いていても楽しいし、ついついこちらも本音トークをしてしまうのでしょう。今やテレビのバラエティ番組になくてはならぬ存在になったのも深く頷《うなず》けます。

百戦錬磨の政治家の語り口に学ぶ

今、リアルタイムで活躍している政治家ではありませんが、私が歴代の総理大臣の中でも抜群に話し方が上手いと思うのは田中角栄元首相です。

先日、とあるテレビ番組で田中角栄さんが首相当時に受けたインタビュー映像が流れていました（インタビュアーは森光子さんでした）。

今、与党、野党問わず、政治家のみなさんは上辺だけだったり、機械的だったり、あるいはヒステリックだったり、傲慢だったりして、「この人、いいなあ」と思える人がひとりもいません。

でも、角栄さんの話す映像を観て、私は素直に「やっぱり角栄さんはいいなあ」と感じました。

角栄さんの語りには「人のよさ」が表れていました。要するに「自分の言葉」でしゃべっていたのです。今、日本中を見回しても角栄さんのように「自分の言葉」で話している政治家はどこにも見当たりません。

「自分の言葉」とは飾り気のない、気取りのない、相手を騙そうという気もない、言ってみれば素っ裸のしゃべり方です。「機会があったらもう1度話を聞かせてほしい」。そう思わせる力が角栄さんには間違いなくありました。

角栄さんが首相だったのは私が文化放送の新入社員の頃です。当時はそんなにすごい人だとはまったく思いませんでしたが、いろんな政治家を今まで見てきて、そこで改めて角栄さんの映像を観た時に、そのすごさが遅ればせながら理解できました。

日本という国をよりよくするために、角栄さんのような言葉に人間味を感じさせる政治家が出てきてくれることを願わずにはいられません。

第4章　「質問する力」は最強の武器になる

退屈な話も質問次第で面白くなる

阿川佐和子さんの書いた『聞く力』がベストセラーとなって評判だった頃、知り合いから「照美さんは『聞かない力』って本を出せばいい」と言われてしまうくらい、仲間内からは人の話を聞かないと思われているようです。

というのも、実は以前、ラジオ番組のオンエア中に寝てしまったことがあり、そのことを知っているスタッフなどから「照美さんは人の話を聞かない」と冗談めかして言われることがたまにあるのです。

ちなみにオンエア中に寝てしまったという話はウケを狙って「盛っている」わけではありません。正真正銘の実話です。

正確に言えば、「寝た」というより「落ちた」といったほうが適当かもしれませんが、何があったのか簡単にお話ししましょう。

あれは今から20年ほど前、『吉田照美のやる気MANMAN!』というラジオ番組内のゲストをお招きするコーナーで起こりました。

その頃の私は午前中にテレビの帯番組の生放送、その後、文化放送に移動して『やる気MANMAN!』の生放送と、かなりハードな生活を送っていました。毎朝7時過ぎにはテレビ局入りする生活だったため、昼食をとった後の午後は眠気に襲われることがたびたびあったのです。

その日、『やる気MANMAN!』のゲストコーナーには、江戸時代の風俗に詳しい専門家の方をお招きしていました。

江戸時代の風俗ですから、ちょっとエッチな話題なども入れ込めば盛り上がったのでしょうが、ゲストの方が話してくれたのは当時の衣装や食事など、衣食住にまつわる風俗の話がメインでした。

私は質問をしつつ、合いの手を挟みながらゲストのお話を伺っていました。すると、ある質問の最中に本来は「○○と○○に関してなんですけど、これらはどういう意味があったんでしょうか?」と疑問形で終わらせなければならないところを「○○と○○に関してなんですけど……」と言ったところで、何と私は眠って(落ちて)しまったのです。

ここでゲストの方が私が落ちたことに気づき、気を遣った答えをしてくださり、落ちた私は瞬間的に我に返り、難を逃れることができました。


みなさんもそうだと思いますが、聞いている側が眠くなるのは「退屈な話」をされている時です。

そんな時、眠くならないようにするには「相手とその話に好奇心を持ち続ける」しか方法はありません。

つまり、関心のない話を聞かされている時は、自分の関心のある方向に話が進むよう、上手く質問を考えていけばいいのです。

私は忙しさにかまけ、1度大失態を演じてしまいましたが、関心のない話も自分の質問次第で変えていくことができます。私たちは常に、相手から「面白い話を引き出す」という努力を続けていくべきなのだと思います。

「聞く力」＝「質問力」である

人には関心のある領域というものがあり、その領域は人それぞれに異なります。

あらゆることに関心がある、あるいは精通している、などという人はこの世にはいないわけで、人それぞれに得手不得手もあれば、興味のあるものも異なります。そうなると当然、人との会話の中で「興味のない話」や「できれば聞きたくない話」なども出てきます。

そんな時、少しでも楽しく会話を続けたいのであれば、話題転換をすることが一番大切だと思います。

前項でも触れましたが私が放送中に「落ちて」しまった時は、ラジオの番組で話すテーマも決まっていたため、なかなか話題を転換させることができませんでした。

しかし、日常の会話であれば、話のテーマを変えたり、あるいは自分の興味のある分野の話に変えていくといった話題転換は可能です。

例えば、自分の関心のある事柄を相手に質問していけば、自《おの》ずと話のテーマは自分の関心のあるものに変わっていくはずです。ただ、その際にも、相手が答えやすいように、相手の興味のある事柄にも触れつつ質問を上手くしていかなければなりません。

つまり、話題転換をするには「上手に質問する力」と「相手を知る」ことが重要です。

会話をより楽しく、より充実したものとするには「相手の話をきちんと聞く」という「聞く力」と「上手な質問をする」という「質問力」、このふたつが必要となってくるのです。

「聞く力」を高めるには「質問力」が必要ですし、「質問力」を高めるには相手のことをよく知るという「聞く力」が必要です。

ということは、「聞く力」と「質問力」は切っても切れない関係だと言えます。

会話とは「お互いのやり取り」ですから、いい質問をすればいい答えが返ってきて会話も盛り上がりますが、悪い質問をすれば悪い答えが返ってきてつまらない会話となってしまいます。

この会話の方程式をよりよいものにしていくには、相手の話をしっかり聞き、いい質問をする。それを続けていくしか方法はありません。そもそも、どちらかが一方的にしゃべっているだけの会話は、聞いているほうにしてみたら退屈なだけで楽しくないですよね。

でも、質問力があればそんな「退屈な時間」を「楽しい時間」に変えることができるのです。

「建前」ばかりの相手から本音を聞き出す

人の会話には建前と本音があり、このふたつがバランスよく組み合わさっていればいいのですが、話すことが「建前」ばかりでどんなに突っ込んでも「本音」をなかなか言わない人がいます。

しかし、相手が本音をなかなか言ってくれないのは、聞く側のスタンスにも問題があると言えます。

例えば私が誰かから本音を聞き出そうと思ったら、まずは自分の胸襟を開いて、思っていることを正直に相手に伝えます。そしてその上で「あなたはどう思いますか？」と本音を聞き出す質問をします。

自分は本音を言わず心をしっかりガードしているのに、相手が心をオープンにしてくれるわけがありません。相手の本音を聞き出したいならまずは自分の本音を相手に伝える。その順番を間違えないようにしましょう。

相手から本音を聞き出す際、核心にいきなり踏み込んでいく人もいれば、まずは外堀をしっかりと埋めてから徐々に核心に触れていくやり方を取る人もいます。

私の場合、相手の本音を聞きたい時は、先述したようにまずは自分を曝《さら》け出して、相手にも「どうぞ正直に何でも語ってください」というスタンスでいきます。

そしてその際、本音とか建前とか関係なく、その人が「これだけは言いたくない」と思っているようであれば、それ以上は深追いしないようにしています。

ラジオのパーソナリティを務める身としては、相手が語りたくないことにもズバズバと切り込んでいかないといけないのかもしれませんが、どうも私はそのようなやり方が苦手なようです。

以前にもこんなことがありました。

猪瀬直樹元都知事が諸々の問題で知事を辞職し、しばらくメディアの前から姿を消していた時期がありました。

しばらくして、彼は表舞台に復活するのですが、その舞台に選ばれたのが何を隠そう、私のラジオ番組でした。

「猪瀬さんから復活の舞台に指名された」と聞いた時は「ああ、やっぱり僕はそういうタイプだと思われているんだな」とちょっと残念に感じました。きっと私は猪瀬さんから「照美さんなら核心に触れるようなことは聞いてこない」と思われていたのです。

そんな残念な出来事がたまにあったりしますが、だからといって私は自分のやり方を変えようとは思いません。

相手が話したければどんどん話してほしいし、もし話すのが嫌なら黙っていただいていいのです。「それならほかの話題に移りましょう」、それが私のやり方なのです。

相手の下に立つ妙味

あなたが知っていることに関して、相手があなたに説明しているとします。あなたはその時、知らないふりをして聞きますか？　それとも「その話は知ってます」と言いますか？

これは自分と相手の関係性によって答えが変わってくると思います。仲のいい友達であれば「それ、知ってるよ」とすぐに言えるでしょうし、相手が目上の人だったら気を遣って知らないふりをして最後まで話を聞く人が多いと思います。

一般的なマナーとしては「まずは知らないふりをして聞く」というのが正しい選択であることは間違いありません。

そしてある程度話を聞いたところで、相手が友達なら「知っているけど、そこまで細かいことは知らなかった」と伝えればいいでしょうし、目上の人には知らないふりを通したままでいいと思います。

私のコミュニケーション方法の基本姿勢は「相手が目下の人であっても対等な気持ちで接する」ということです。

相手の立場が自分より下、あるいは年齢が下だとそれだけで上司や先輩面して威張る人がいますが、私はそのような接し方はあまり好きではありません。

私は、自分より下の立場の人と接する時ほど、バカなことを言ったりボケてみたりします。

そういうやり取りの中で「対等な立場である」ということを理解してもらえば、相手は心を開いてくれ、より深いコミュニケーションを取ることができます。

漫才は「ボケ」と「ツッコミ」によって成り立っていますが、私たちのコミュニケーションも基本的には漫才と同じです。

ボケとツッコミを会話の「薬味」に用いれば、会話はより一層楽しいものへと変化します。

東京育ちの私が関西エリアに行くと、一般の方々の会話もどこか楽しげに見えてきます。あれもきっと普通の会話の中に「ボケやツッコミ」がごく自然に成立しているので楽しく感じるのでしょう。

だから私は下の立場の人と接する時、あえてボケ役となり、バカなふりをしてみたり、過去の失敗談を披露したりするのです。

村西とおる監督の言葉で「人生、死んでしまいたいときには下を見ろ！　おれがいる」というのがあるのですが、私はその言葉を思い出すたびに「すごいなあ」と感じると同時に、私自身も常日頃からそういう姿勢で生きていかなければ、と気を引き締め直していきます。

相手が明らかに間違っている時は「質問」を投げる

相手の言っていることが明らかに間違っているのに、その人より自分は立場が下なために誤りを指摘できずに終わってしまう……。そういう経験はきっと誰にでもあると思います。

確かに、目下の人であれば「それはこうじゃないかな？」と気軽に指摘できますが、目上の人となるとそう簡単にはいきません。

もし、仕事の上司や先輩など目上の人に誤りを指摘するとしたら、私なら「先輩のおっしゃってることのほうが多分正しいと思うんですが、○○だという人も中にはいるみたいですね」というようなニュアンスで意見します。

大切なのは、意見の中に「あなたは間違っている」という断定を入れないことと、「自分はこう思う」という自己主張をしないようにすることです。

相手の意見を尊重しつつ、「（ネットなどで）こういう情報を見かけたことがあるんですけど、それはどうなんでしょうかね」とやんわりと自分の主張を盛り込み、その場をやり過ごすのが賢明だと思います。

その上司なり先輩がまともな人であれば、後々自分の意見が誤りだったことに気づき、あなたに「すまん、あの時の○○は間違いだった」と言ってくれるでしょう。

下の立場の人間は、何かと我慢しなければならないことが多いですが、円滑なコミュニケーションを図っていくためには時に我慢も必要です。そして自分がやがて上の立場となった時に、下の立場の人たちができる限りストレスをためないような触れ合い方をしていけばいいのだと思います。

「オウム返し」の落とし穴

会話を弾ませるためのひとつの技術として「オウム返しがいい」と言われたりしています。オウム返しをすると「ちゃんと話を聞いていますよ」という安心感を相手に与えることができ、そこに感情を込めれば自分の熱意を相手に伝えることができると言います。

しかし、私はこの「オウム返し」には、会話を盛り上げる力はそれほどないと考えています。

例えば、自分が知らなかった名称が話の中に出てきたとして、その時に名称をオウム返しするのは会話の中の自然な流れです。

けれども、相手の話の言葉尻だけを捉え、ただ自動的に、機械的にオウム返しを繰り返していくのは、「この人はちゃんと自分の話を聞いていないんじゃないか？」と相手に疑念を抱かせ、悪い印象を与えかねません。

相手が旅行から帰ってきたばかりの人だとして「先週○○に行ったんだ」と言われ「あ

あ、○○に行ったんだ」とオウム返しをしたとします。

このように会話の中で1回だけのオウム返しならいいですが、その後も「○○はとっても暑くてねぇ」「暑かったんだ」「海で泳いだんだ」「泳いだんだ」とオウム返しを繰り返されたら、あなたはどう思いますか？

私はこんなに何度もオウム返しをされたら「この人は、私の話を真面目に聞く気がまったくないな」と感じますし、それが酷くなれば「この人は私のことをバカにしているんじゃないか」とすら思うでしょう。

会話の中で知らないことをオウム返しするのはOKだと思いますし、その他の場合でも1、2度ならオウム返しをしてもいいでしょうが、それ以上オウム返しするのは相手に悪い印象を与えるだけなのでやめたほうがいいと思います。

大事な話を聞き出すには北風スタイル？　太陽スタイル？

イソップ寓話《ぐうわ》のひとつに『北風と太陽』という話があります。旅人の服を脱がせるために北風と太陽が競うというあの話です。

相手から大事な話を聞き出す場合、力技で旅人の服を脱がせようとした「北風スタイル」の人もいれば、じっくりと外堀を埋めながら核心に迫り、話を促していく「太陽スタイル」の人もいるでしょう。

質問される側とする側、それぞれの性格の組み合わせなどもありますから、一概にどちらのスタイルがいいかは言えません。

例えば、『朝まで生テレビ！』でおなじみのジャーナリストの田原総一朗さんは、ズバズバと相手に切り込んでいく質問スタイルが売りです。

田原さんのスタイルは「北風」そのものです。そんな田原さんがもし「太陽スタイル」になったらどうでしょうか？　それでは田原さんの魅力が半減してしまいますよね。

私は田原さんの反対で「太陽スタイル」が自分の個性だと思います。私が「北風スタイル」になったら、それこそ私が私ではなくなってしまいます。

一番いいのは、「北風」と「太陽」を使い分けながら、相手から話を聞き出す方法ですが、これをひとりでこなすのはちょっと難しいと思います。

刑事ドラマなどでは取調室でふたりの刑事が「北風」と「太陽」になり、容疑者から事実を聞き出す手法がたびたび出てきます。

北風役の若い刑事が「おい、いい加減に吐いたらどうだ！」と容疑者に迫った後、太陽役のベテラン刑事が登場し「故郷はどこだ?」「おふくろさん、心配しているぞ」などと言葉巧みに容疑者に迫っていき、情にほだされた容疑者がいつの間にか犯行を認めている。これがひとつの王道スタイルとなっています。

読者のみなさんも誰かに質問をするということは、普段の生活の中でもあるはずですから、自分が北風タイプなのか、太陽タイプなのか、そのスタイルを決めておいたほうがいいと思います。

ただ、田原さんのようなジャーナリストならばともかく、一般の方が「北風スタイル」を貫くのは、相手も警戒してしまいますし、ちょっと難しいかもしれません。

基本は「太陽スタイル」で質問しつつ、時に「北風」も交えていく。その程度がいいのかもしれません。

重要なことを聞くときの注意

非常に重要なことを相手に聞く場合、いかにも重要な話があるという雰囲気で重々しく聞くのがいいのか、あえてさりげなく聞くのがいいのか、みなさんはどちらだと思いますか?

これも一概に「どちらがいい」とは言いづらい問題です。「重要なこと」の内容によっても、聞く側のスタンスは異なってくるでしょう。

私の生き方、好みからすれば、重要な話を聞く場合には「これから重要な話を伺います」という雰囲気を事前に出していくと思います。

そうすれば相手も「これから重大な話があるのか。ではしっかりと答えないとな」という心構えができます。

それとは逆に、重要な話を聞くという雰囲気はまったく出さず、本当に軽いノリで、いかにもその辺に転がっている問題を聞くように、ごまかしの手口で相手に迫るやり方を取る人もいますが、相手がうっかりしゃべることを期待するような、そのようなやり方は私は好きではありません。

そのやり方で、相手から答えを聞き出せば、それは質問者の手柄になるのかもしれませんが、相手にしてみれば「うっかり答えてしまった」という気持ちは拭えないでしょうし、仮に私がそのようなやり方で答えを聞き出したとしても、「何か申し訳ないな」という気持ちになると思います。

例えば、私がバラエティ番組などで相手から言質を取るために、「引っ掛け」的に質問するのは「あり」かもしれません。

でも、一般の方々が普段の生活の中でそのような「引っ掛け」的に相手から重要なことを聞き出したとしたら、周囲から白い目で見られるようなことにもなりますから、相手を騙すような質問の仕方はできる限り避けたほうがいいでしょう。

かつて人気を博したテレビドラマの主人公、刑事コロンボは去り際にさり気なく、パッと質問し、関係者から重要な証言を聞き出したりします。

刑事コロンボのように、普通の人ではあまり聞けないようなことをスパッと聞けてしまうキャラクターの人はいると思います。

泉ピン子さんや上沼恵美子さんは、聞きにくいことをズバズバと聞けてしまうタイプですが、あれは相手のほうもピン子さんや上沼さんのキャラを知っているから答えてくれるのであって、一般の方々がああいったやり方をしたらきっと相手から反感を買うだけになってしまうでしょう。

先述したように、重要なことを聞く場合はこちらも真面目な気持ちで「話をぜひ伺わせてください」という誠意を見せなければいけないと思います。それが人として最低限の礼儀ではないでしょうか。

中には質問に対して質問で返してくるような人もいたりします。そういった人たちは、その質問が「答えにくい」か、あるいは「答えたくない」から質問で返してくると考えてほぼ間違いないでしょう。

そんな時は、「この質問は、自分はこう思うんですけど、あなたはどう思いますか？」とまずは自分の考えを身をもって示してから、相手に答えを促すのが最善の方法だと思います。

最後に補足として私の「質問」にかかわる失敗談をひとつ。

あれは2年ほど前のこと。ラジオ番組のゲストに郷ひろみさんをお招きした時のことです。

客観的に見て、私はあまり人の話を聞かないほうですし、ゲストに対しては矢継ぎ早に質問をぶつけていくタイプでもあります。

その日はゲストが郷さんということもあり、私もやや舞い上がっていました。調子に乗って質問を次から次へとぶつけていると郷さんから「照美さん、僕にもしゃべらせてくださいよ」と言われてしまいました。

ゲストから「私にもしゃべらせて」などと言われる司会者は、芸能界広しといえどもちょっといないのではないでしょうか。

「〝質問〟は相手が答えるためにある」ことをみなさんも忘れないようにしてください。

「相槌《あいづち》のバリエーション」は武器になる

人それぞれにいろいろな相槌がありますが、ワンパターンの相槌を使うよりは、会話の内容、リズムなどに合わせて、相槌を使い分けていくほうが会話が盛り上がると思います。

よく聞く相槌の「なるほど」。この「なるほど」もふさわしい場所で使えば何の問題もありませんが、口癖になってしまっている人をよく見かけます。そういった人たちはこちらが何を発言しても「なるほど」「なるほど」しか言いません。

「なるほど」に限らず、相槌がワンパターンになると相手に「この人、ちゃんと話を聞いてるのかな?」という不信感を抱かせることになってしまいます。

「はい」「なるほど」「へー」など、驚き、感心を示す相槌を何種類か交えれば、相手も気持ちよく話せますし、会話も盛り上がります。

「本当ですか」を連発する人にも会ったことがありますが、あれも会話で使うのはせいぜい1、2回が限度でしょう。「本当ですか、本当ですか」と連発されると、こっちは「僕、そんなに嘘ばっかり言ってないから」と思いますよね。相手に失礼になるので「本当ですか」は連発しないようにしましょう。

相槌の使い方ひとつで会話は盛り上がりもすれば、つまらないものにもなります。相槌は料理の味わいに深みを与えてくれるスパイスのようなものですから、そのバリエーションは多ければ多いほどいいと思います。

また、相槌を使う時はそこに自分の感情、気持ちを乗せて使うことを忘れないでください。

感情を示さずに「はい」「なるほど」「へー」などと相槌を入れても会話は絶対に盛り上がりません。

「なるほど」も無感情に言う「なるほど」と、感情を乗せて「なるほど」と言うのでは、相手の捉え方も180度違います。

話し相手から感情の入った相槌をされれば誰でも「ちゃんと聞いてくれているんだな」とうれしくなってくるはずです。

世のご亭主の中には奥さんから「ちゃんと人の話聞いてるの?」と怒られてばかりの人もいると思いますが、奥さんが怒るのは旦那さんが適当な相槌を打っているからです。

適当な相槌を打たれてうれしい人はどこにもいません。相槌はそこに感情を乗せて、なおかつそのバリエーションを増やしていく。それがもっとも大切なことなのです。

上手な相槌の打ち方、下手な打ち方

「はい」「うん」から始まり「へー」「ほう」「なるほど」など会話の中で使われる「相槌」にも人それぞれにいろんなパターンがあります。私自身、相槌のバリエーションはそれほど多くはないのですが、先述したように相槌のバリエーションは多ければ多いほど会話の幅も広がっていくと思っています。

ただ、無理に相槌の種類を増やそうとすると、それは本来自分が発したい言葉ではありませんから、嘘っぽい相槌になってしまう恐れがあります。そんな相槌では会話している相手にも「この人、私の話を聞く気があるのかな?」と思われてしまいます。

相槌の種類は多いに越したことはありませんが、無理せず、自分で思いつく言葉、自然に出てくる言葉を使えばそれで十分です。

相手の話に合わせ、感心したのなら「へー」でも「ほう」でもいいでしょうし、「もっと聞きたい」と思ったなら「それで」「どうなったの?」など、その時の正直な自分の気持ちを表した言葉を用いればよいのです。

たまに相手を急《せ》かすように「えー、えー、えー」「はい、はい、はい」などと激しい相槌を打っている人を見かけます。

急かすようないい加減な相槌は「話を早く終わらせろ」と相手に取られてしまう可能性がありますから、そのような相槌はなるべくしないよう気をつけたほうがいいと思います。

また、たまに「その相槌は何なんだよ」と感じさせる一風変わった相槌を打つ人がいますが、あれもやめたほうがいいでしょう。

先日、とある用事で不動産会社の人と話す機会があったのですが、その担当者が「なーるですね」「なーるですね」と連発してくるのでちょっと驚きました。

きっと本人は「なるほどですね」という相槌を繰り返しているうちに簡略化した「なーるですね」になってしまったのだと思います。

仲のいい仲間内での会話ならまだしも、公の場ではどんな理由があるにせよ、相手に通じないような相槌を使うのはNGです。みなさんも気をつけてくださいね。

早口な人をトーンダウンさせるには?

会話をしていてもまったくこちらに話をさせてくれない、おしゃべりな人は結構います(ご婦人方に多いですね)。

そんな時、おしゃべりな人、早口でまくしたてる人をトーンダウンさせる方法を紹介しましょう。

これは一番手っ取り早く済む方法です。その方法とは、難しい話を会話の中に持ち込んでしまうことです。

相手のおしゃべりが止まらないのは、その人が好きなこと、興味のあることを話しているからです。そこで相手が苦手なジャンルのちょっと小難しい話題を質問を交えて入れ込んだりすれば相手は瞬く間に口数が少なくなるはずです。

大抵の人は「理科系」の話題を苦手としていますから、そういった分野の話を振ってみてもいいでしょうし、相手が「政治経済」の話題を苦手としているようであれば、新聞の見出しを飾っているような話題を振ってみてもいいかもしれません。

ラジオ番組のゲストに早口な人、おしゃべりな人をお招きした場合、私は相手の勢いに乗る感じで会話をしていきます。

例えば、江頭2：50さんはテレビと同じように、ラジオでもマシンガントークです。そこで私がのんびりと対応しても番組は盛り上がりませんから、私は江頭さんの勢いに乗りつつ、話題をどんどん転がしていくようにしています。

放送と日常は違いますから、放送の場合はそのような対応をします。しかし、普段の生活でもし早口の人と会話することになったら、みなさん意外に思うかもしれませんが私は黙ってその早口に付き合います。

もし近所のおしゃべりなおばちゃんと話をするなら、私は我慢してその人が満足するまで話を聞き続けます。

おしゃべりな人は話の邪魔をされると往々にして怒りますし、近所付き合いもある中で相手を怒らせても何の得もありません。だから私はそんな方を相手にした時は十分に話をさせてあげるようにしています。

早口とは逆の「スローな語り口の人」を相手にした場合は、こちらが主導権を握って会話をしていけばいいでしょう。

私が「スローな語り口の人」と聞いて真っ先に思い浮かぶのが、ジャイアント馬場さんです。馬場さんの語り口は本当にゆっくりだったので、あまり間ができないよう話題をいろいろと振りつつ会話したのを覚えています。

相手が早口な場合はこちらも多少早口になりますし、相手がスローな場合はこちらもスローになります。

それは自然な流れだと思うので、普段の生活の中ではそれほど難しく考えず、相手のペースに合わせて自然に話すことを心がければいいと思います。

第5章　微妙に避けたい話し方

声のいい人は自分のしゃべりに酔いやすい

ひと言で「アナウンサー」と言っても、アナウンサーにはいろんなタイプの人がいます。声のいいアナウンサーもいれば、私のように声はそれほどよくないアナウンサーもいますし、報道に向いている人もいれば、バラエティ向きな人もいます。

時々ラジオを聴いていて「あ、このアナウンサー（DJ）は自分の声のよさに酔っているな」と感じる時があります。

そういったアナウンサーはしゃべることが快感になってしまっているのでしょう。自分の声に酔いしれ、自分のしゃべりに溺れてしまっている。正直、そういうアナウンサーのしゃべりは聴いていて不快になることがあります。

自分のしゃべりに酔ってしまっている人は、「自分はしゃべりに酔っている」という自覚がありません。

一般の人でもいい声をしている人はたくさんいると思います。他人から「いい声ですね」と言われるような人こそ、自分のしゃべりに酔わないように、溺れないように気をつける必要があります。

声のよさは持って生まれた才能ですから、それを生かすのは大いに結構ですが「声がいい」ということだけに甘えてしまうと、会話の技術を磨くことが蔑ろになり、「あの人は声はいいけど、会話がつまらない」と人から言われるようになってしまいます。

アナウンサーの仕事をして40年あまり。私の周りにも声のいいアナウンサーはたくさんいましたが、自分の声のよさに溺れて努力を怠り、第一線から消えていった人を私は幾人も見てきました。

私はと言えば、今まで「いい声ですね」と人から言われたことはほとんどないため、自分の声に酔いしれることもなく、そういった意味ではしゃべることに快感を覚えたことは1度もありません。

ただ、ラジオなどの仕事をしていると、リスナーとのやり取りの中でお互いに共感、共鳴し、ハイになる瞬間、「ラジオをやっていてよかった」と思える瞬間がたまにあります。

リスナーからの手紙を読んでいる時、あるいはリスナーと電話で話している時など、お互いが持っている「この番組を楽しくしたい」「今を楽しもう」という共通意識によって、私にはリスナーの方々が見えるわけではないのですが、違う場所にいながら同じ空間を共有しているような、えも言われぬ気持ちのよさ、幸福感を番組の中で体験することがごくまれにあります。

そして、それが「しゃべり」を仕事とする私の「最高の瞬間」でもあるのです。

会話のＮＧワード

誰かと会話をしている最中、言ってはいけないことや相手が触れてほしくないことに触れ、険悪な雰囲気になってしまうことがあります。

相手が誰であれ、一般的に口に出してはいけない「ＮＧワード」みたいなものは当然あると思います。

相手が気にしていること（主に相手の欠点）に関しては、それが外見的なことであれ、性格的なことであれ、またそれが過去の情報だったとしても、それは言ってはいけないことにあたるでしょう（もちろん、何でも言い合えるような間柄であれば、時と場合によってそういった話題も許されると思いますが）。

また、それとは別に私がＮＧワードだと思うのは「自慢話」です。あなたの周りにもいませんか？　自慢話ばかりする人。自慢話をしているほうはご満悦ですが、聞いているほうはたまりませんよね。

中には一見自慢話と分からない風を装って婉曲《えんきょく》に自慢をする人がいます。本人はマイナスの印象を与えず、上手く自慢できたと思っているのでしょう。しかし、このようなさりげない自慢はかえって嫌らしい感じがにじみ出たりするので要注意です。

自慢話をされて喜ぶ人はあまりいませんから、仕事で成功したとか、モテたとか、ほめられたとか、そういった自慢に繋がるようなエピソードを人前で披露するのはなるべく避けたほうが無難です。

私のように「話す」ことを仕事としていると、時と場合によって「NGワード」も変わっていきます。

私がラジオ番組などでもっとも気をつけているのは「スポンサー」に関する話題です。テレビ、ラジオにかかわらず、民放の番組には必ず「スポンサー」がおり、そのスポンサーの競合する会社、メーカー、ブランドなどの名前を発するのはご法度とされています。

例えば、車メーカーの「トヨタ」がスポンサーなのに「日産」や「ホンダ」といった他社の名前や車名を言うことは許されません。

でも、長年この仕事に携わっていると、そういったご法度に触れてしまったことが幾度かあります。

昔、私の名を冠したラジオ番組の中にクイズコーナーがあり、そのスポンサーが「明治製菓」でした。

その番組は中・高校生が主なリスナーだったため、解答者も元気いっぱいの中・高校生ばかりです。そんなある日、解答者である中学生が、不正解なのですが惜しい答えを連発していました。

するとその中学生は「おまけして、おまけして」と間違うたびに言ってきます。あまりに「おまけして」としつこいので私は思わず「おまけ、おまけってグリコじゃないんだから」と言いそうになってしまいました。

幸いにも、「グリコ」と言っている最中にスポンサーが「明治製菓」だったことを思い出し、瞬間的に「コ」の部分を飲み込むことができたので事なきを得ましたが、ラジオ番組などではそういった「ギリギリセーフ」的なことがよくありました。

一般的なNGワードに話を戻しますと、相手の欠点のほかにも「宗教」や「政治」の話題も「しないほうがいい」と巷ではよく言われています。

確かに、「宗教」に関する話（とくに特定の宗教を否定、批判するような発言）は、誰がどの宗教に属しているか分かりませんし、「信仰の自由」ということもありますので、厳に慎んだほうがいいでしょう。

しかし、もうひとつの「政治」に関しては、私は日本人はあまりにも普段の会話の中で「政治に触れなさすぎ」だと感じています。

普段の会話でここまで政治に触れないのは、世界的に見ても日本くらいのものです。ヨーロッパに行くとパブで客がアルコールを片手に熱く政治を語り合ったりしています。それはごく普通の当たり前の光景です。自分たちの生活および未来が懸かっているわけですから、日本でも多くの人がもっと政治について普段から語るべきだと思います。

何が言いたいのか分からない人

頭の回転が速く、話をしたら内容が盛りだくさん。でも、話題が多すぎて何が言いたいのかよく分からない。これは私たちのようなアナウンサーを生業にしている者がよくしてしまう過ちです。

アナウンサーは話すことが上手ですから、ついつい調子に乗って話しすぎてしまう時があります。そして往々にしてそんな時こそ「何を言いたいのか、よく分からない」と視聴者のみなさんから指摘されることになります。

話がまとまらない、焦点がはっきりしない。こういった人は放っておくと周囲の人たちから「あの人はいつも何を言いたいのかよく分からない」と言われるようになり、やがて信用も失うことになってしまいます。

そうならないために、自戒の意味も込めて言うのですが、話の焦点がぼやけてしまう人は、できるだけ「言いたいこと」「伝えたいこと」を絞り、限られた要点だけを伝える訓練をしていったほうがいいと思います。

話が盛りだくさんな人の語りは、次から次へと話題が転換していくので聞いていて楽しいのですが、最終的に「じゃあ結論は何なの?」となりがちです。

話題が多いのは結構ですが「そうか、この人はこういうことを言いたかったんだ」と相手に思ってもらえなければ話の意味がなくなってしまいます。

ですから私たちは会話する時、その話のテーマおよび結論というものを常に意識し、「伝えたいこと」を明確にしておくことが大切なのです。

２０１７年3月、4年間続けてきた文化放送の帯番組『吉田照美　飛べ！サルバドール』が終了しました。

その放送の最終回、私はリスナーの方々に何を伝えるべきか、とても悩みました。最終回が間近に迫ったある日、ある新聞で気になる記事を見つけました。その記事を要約すると「創造という言葉の『創』は『つくる』とも『きず』とも読む。人間は傷をつくり、そこから新しい何かを創造していく」というものでした。

『飛べ！サルバドール』を含め、私は36年間の長きにわたり文化放送の帯番組をずっと続けてきました。

私のアナウンサー人生は文化放送から始まり、身を削り、それこそ傷だらけでやって来ました。いったん帯番組は終了しますが、それですべてが終わるわけではありません。今ある傷から、新たな創造が始まるのです。

樹木の「挿し木」も木の表面に傷をつけて、そこから別の木の枝を挿し木して、新しい命に繋げます。

何事もそれを真剣に、一生懸命にやろうとすればするほど、創《きず》がつく可能性も高くなります。

でも創《きず》ができることを恐れていては、新しいものを創造することはできない。そのようなことがこの年になってやっと実感として分かってきた。そういったことを結論として、最終回にリスナーに向けて私は話をしました。

しっかりした結論があれば、人はその話に納得してくれます。ということは、私たちは常日頃からアンテナを張り、自分の心情や気持ちを乗せられるような結論の話、話題、ネタを探しておく必要があると思います。

軽いネタから重いネタ、感動するネタまで、いろんな話を用意しておけば、例え、話が散漫になってしまったとしても「ああ、この人はそういうことを考えてたんだ」と相手に納得してもらえるのです。

相手の外見に触れる時の注意点

仕事、プライベートを問わず、会話の入りに相手の外見（服装や髪型など）に触れるのはよく用いられる手法です。

「今日の服装、色合いが素敵ですね」「あれ、髪切りましたか？　お似合いですよ」などと外見に触れつつ、相手をほめるやり方は常套手段とも言えますが、あまりに相手を持ち上げすぎるとわざとらしくなってしまうので注意したほうがいいと思います。

実は私は、会話の中で相手をほめるやり方はあまり使いません。不得手というわけではないのですが、私が相手をほめるとどうも嘘っぽく聞こえてしまう時があるのです。もちろん、本当に素晴らしいと感じた時は誤解を恐れずに相手をほめますが。

よく相手をほめてほめてほめまくる「ほめ殺し」上手な人がいたりしますが、私はとてもではありませんがあそこまではできません。

相手をほめようと思って「〇〇さん（芸能人などの有名人）に似てますね」と言ったりす

ることがあると思いますが、この使い方にも注意が必要です。

あなたがその有名人が美人（あるいはかっこいい）と思っていても、相手がそう思っているとは限りません。もし「○○さん」が相手にとって大嫌いな有名人だったら、それこそ目も当てられないことになってしまいます。

先日もこんなことがありました。

ラジオ番組を一緒にしている伊東四朗さんが80歳の誕生日を迎えられたため、番組が終わった後にケーキを用意してスタッフみんなで簡単なお祝い会をしました。

会の最中、スタッフが「似ている芸能人診断」をしてくれるスマホのアプリで遊び始め、伊東さんの顔も診断してみることになりました。

真っ先に出てきた診断結果は「渡辺謙」。これには伊東さんも「ええー!?」などと言いながら喜んで盛り上がったのですが、2番目に「新垣結衣《ゆい》」と出てきて「……」。場が何とも言えない雰囲気になってしまいました。

このように「○○さんに似てる」とほめるのはやり方としてはちょっとリスキーだと思います。

相手が「誰かに似てる」というのをよく発見する人がいますが（私もそのタイプですが）、女性に言う時はとくに注意を払ったほうがいいでしょう。

確実に「えー」「あのー」を減らす方法

何か話をする時に「えー」とか「あのー」と付けてから話す癖のある人は結構います。私がアナウンサーになった当初もそういった癖はなるべく直すように指導されました。

ただ、アナウンサーによってはその癖を「売り物」にしてしまった人もいます。一番有名なのは日本テレビでアナウンサーなどをされていた小林完吾さんでしょうか。小林さんの「あ、さてー」と言ってから始まる話し方は、一般人にもモノマネされるほどお茶の間に浸透していました。

このような話の頭に言葉を付ける癖は、それを入れることで初めて自分のペースとなりますから、いきなり削るのも難しく、削ったとしてもその後が上手くしゃべれなくなったりして厄介です。

私たちのようなアナウンサーが「えー」とか「あのー」と連発するのは問題ですが、一般の方々がちょっとくらい付ける分にはまったく問題ないと私は思います。ただ、会話をしていく中では、できる限り「えー」「あのー」などの余計な言葉を使わないほうがスマートですし、癖を減らしていく努力は必要でしょう。

癖を減らす対処法としては、「えー」とか「あのー」と言う前に、「こんにちは」とか「よろしくお願いします」などとまずは言ってしまうといいかもしれません。

そうやって意味のある言葉を代用することによって、癖である意味のない単語は減り、ある程度心の平静も保てると思います。

この私も、「えー」と言ってしまう癖はあります。それは自覚していますので、「なるべく言わないようにしよう」と思っていますが、必要以上に「えー」を意識してしまわないようにしています。

ただ、先述した小林完吾さんのように、話し方の癖はその人のひとつの「持ち味」です。何でもかんでも「癖だから直す」ということをしていたら、せっかくのその人の「持ち味」が消えてしまいます。

よほど酷い癖は少しずつ減らしていく努力は必要です。しかし、聞いていてそれほど気にならない程度の癖であれば、無理に直す必要はないと思います。それよりも自分の「持ち味」「オリジナリティ」を大切にするべきなのです。

「天気の話題」の後に何の話を持ってくるか

もっともポピュラーな会話の入り方のネタと言えば、天気の話をおいてほかにはないでしょう。

私もラジオ番組などの冒頭で「いやー、今日は暑いねぇ」などと時節ネタに触れることは多々あります。しかし、天気の話は挨拶代わりにはなってもその後、会話を続けていくためのテーマにはあまりなりません。

会話の導入として天気の話は最適ですが、気象に詳しい人同士ならともかく、一般人がそこから会話をふくらませることはかなり難しいですから、天気ネタは挨拶程度にしておいて、そこから本題に展開できるようなネタを普段から集めておくことが重要なのです。

話のネタは食べ物と一緒で「鮮度」があります。その日仕入れた旬の情報も、時間の経過とともにどんどん腐っていきます。

情報は日々目まぐるしく入れ替わっていくものです。ましてや今の社会は「インターネット」があり、新たな情報が次から次へと供給されます。せっかく仕入れた情報も使わなければどんどん腐っていくだけとなってしまいます。

ネットのニュースサイト、ツイッター、その他のSNSなど、使える情報がネットの世界にはあふれています。

そんなあふれる情報の中から自分にとって有益な情報をいかに収集していくか。自身の会話能力を高めていく上で、これからはそういった「情報収集の仕方」と「選別」のセンスも欠かせない要素になっていくと思います。

今、私の主な情報源となっているのは「ツイッター」です。近年、テレビのニュース番組などはそれぞれの局の自主規制などによって、本当に視聴者が知りたい情報を提供しているとは言い難い状況です。しかし、ツイッターにはそれこそ世界中の情報が飛び交い、最新のニュースからくすっと笑えるようなこぼれネタまで、実に多彩な情報を得ることができます。

私自身、あふれる情報の中で溺れないように気をつけていますし、「何が真実なのか」を見極める目も持たなければいけないと痛感しています。先述したように「情報収集の仕方」と「選別」のセンスがこれからの時代は必要とされるのです。

人の悪口ばかり言う人

人間は基本的に自分のことは棚に上げてものを言う（考える）生き物だと思います。自分自身の欠点はあまり気づかなかったりしますが、他人の欠点というのは目立ちますから、「あいつはここが悪い、あそこが悪い」と自分のことは棚に上げて気づいたことを口にしてしまうわけです。

自戒も込めて言うと、人は気づけば悪口や文句ばかり言っているような気もします。ただ、悪口や文句は自分自身にブーメランのように返ってくるものでもあるので、今一度自分自身を見つめ直して、悪口や文句はできる限り控えたほうが賢明でしょう。

悪口をたまに言うくらいならいいのですが、口を開けば「周りの人たちの悪口ばかり」という人も中にはいます。

でも結局そういう人は周囲の人たちから「あの人はいつも悪口ばかり言っている。きっと私のいないところでは私の悪口を言っているに違いない」と気づかれ、やがて誰からも敬遠されるようになっていきます。

昔、私の周りにもそのような「悪口ばかり言っている人」がいて、見るに見かねて「みんなも薄々気づいているから。そんなことしててもあなたの評価が下がるだけだからもったいないよ」と助言したことがあります。

その人とは以降疎遠になってしまったため、その後どうなったのかは定かではありませんが、悪口を言っている人は「やがて周囲から誰もいなくなってしまう」ということだけは肝に銘じておいたほうがいいと思います。

政治家や有名人、あるいは会社でまったく接点のない重役など、自分と住む世界の違う人の悪口を言うことはたまにあってもいいかもしれません。

しかし、自分が普段付き合いのある身近な人の悪口を言うのは周囲からの信用を失うだけで何もいいことはありません。

もし、あなたの周囲にそのような人がいたら「信用を失うだけだよ」「味方が誰もいなくなるよ」と注意してあげることが一番大切ではないでしょうか。

また、私たちが気をつけなければいけないのは、そういう人が同意を求めてきた時に深く考えず適当に「そうだよね」と言ってしまわないようにすることです。

そこで何気なく同意してしまうと、その後あなたは「悪口を言っている人と同じ派」にされる危険性があり、もっと酷い場合になると、あなたが悪口を言ったことにされてしまう恐れもあります。

悪口ばかり言っている人と話している時は相槌なども含め、とにかく安易に同意することだけは避けるようにしましょう。

「ここだけの話」は信用しない

前項の悪口を言う人とちょっと似ていますが、「ここだけの話なんだけど……」と「秘密の話をあなただけに教えます」というスタンスで言い寄ってくる人がいます。

このような人たちは「ここだけの話……」と言いながら、ここだけではなくあちこちで同じ話をしていると思っていいでしょう。

芸能界でも「ここだけの話だけどね……」と吹聴《ふいちょう》してまわっている人は結構いますが、そんな人はやがてみんなから「放送局」と呼ばれ、誰からも信用されなくなってしまいます。

もしあなたが誰かから「ここだけの話なんだけど……」と言い寄られたら、まずは「眉唾」のスタンスでその話を聞く必要があります。

一番気をつけなければならないのは、その話を鵜呑《うの》みにして自分が逆に広めてしまわないようにすることです。「ここだけの話……」と言い寄ってくる人の中には、その話を拡散してほしくて言ってくる人もいるのです。

「ここだけの話……」を実際に聞いてみたら、誰もが知っているような大した内容ではなかったりするケースもままあると思います。しかし、組織の存続にかかわるような重大な事案を漏らしてしまっているのだとしたら、その時は「それは広めてはいけない。下手をしたらあなたがクビになる」としっかり忠告してあげないといけません。

いずれにせよ、「ここだけの話……」とよく言っている人は、組織の中でも「トラブルメーカー」として認知されている可能性が高いですから、どういう意味合いでその話を自分に振ってきているのか、その発言の裏側には何が隠されているのかをよく考えたほうがいいでしょう。

とにかく軽率に返答したり、行動を起こしたりしないこと。これが一番肝心だと思います。

相手が喜ぶと思っても逆効果な言葉

「痩せた?」

「ヘアスタイル変えた?」

相手が喜ぶと思って言ったそれらの発言が逆効果となり、相手の怒りを買ってしまったという経験、みなさんはありませんか?

1度言ってしまったことはもう取り戻せませんから、自分の発言によって相手が怒ったのなら、その時はほめようと思って言っただけで他意はなかったことを正直に伝え、謝るのが最善の方法だと思います。

相手の外見について会話の中で触れる場合はよほどの観察力が備わっていないとなりませんし、相手の性格も理解していないとそれはしくじりに繋がることになるでしょう。「痩せた？」という発言は対男性ならいいでしょうが、女性に対してはまず使わないほうがいいNGワードと言えます。

「ヘアスタイル変えた？」はその後に「とてもお似合いですよ」という言葉がくるのであればそれほど気を遣わなくてもいいように思います。

また、これはマナーとして当たり前のことなのですが、女性に対して年齢を聞くようなことは絶対にしてはいけません。

女性が自分より年上、年下どちらにせよ、公の場において女性に年齢を聞くのは控えておいたほうが賢明です。これはもしかしたら世界共通のマナーと言えるかもしれません。

タモリさんが司会をしていた『笑っていいとも！』の人気コーナー「テレフォンショッキング」では、タモリさんがその日のゲストに外見のことを最初に聞くパターンは結構あったように思います。

ゲストに開口一番「髪、切った？」というような外見に関して聞くのは、タモリさんの場合、それほど意味はないように思います。

タモリさんは最初の取っ掛かりとして外見に触れただけで、次の瞬間にはゲストの返答に合わせて話を展開させていました。タモリさんのそういった話題の展開術は本当に見事でした。

あまりにも神経を張り詰めて質問をしていたら、それこそ会話が面白くなくなってしまいます。

ある程度マナーを遵守しながらリラックスした状況で会話を楽しみ、万が一、相手の機嫌を損ねるようなことを言ってしまった場合は素直に謝り、話題を転換させながら会話を楽しんでいけばいいのです。

噂話《うわさばなし》にまつわる大失敗

失敗談には事欠かない私ですが、噂話に関してもいくつか失敗があります。みなさんへの忠告の意味も込めて、ここでふたつの失敗談を紹介します。

ひとつはフリーアナウンサーとなり、テレビの仕事も始めた頃のことです。

ラジオ番組では外見を気にしなくていいのでスタイリストなどは付きませんが、テレビでは毎回、スタイリストさんが私に付いてくれて衣装などの世話をしてくれました。

当時、私は女性スタイリストのAさんによくお世話になっていました。ある日、放送作家が私に「Aさんって有名人の○○と付き合ってるんですよ」と教えてくれました。

その有名人は「超」の付く誰もが知っている有名人でした。ちょっと遊び人で、Aさん以外にも付き合っている女性が何人かいたと思います。私にとってはとても意外で、驚きました。

それからしばらく経って……。その放送作家とその奥さん、さらにAさんと私の4人で食事をする機会がありました。

この時、私はそのAさんが有名人と付き合っているスタイリストだということをすっかり忘れていました。

酒も入り、宴たけなわとなった頃、私は何気なく世間話のつもりで「そう言えば○○（その有名人）って、スタイリストと付き合ってるんだってね。驚きだよねー」と言ってしまいました。

一瞬にして場が凍りつきました……。引き潮のようにみんなが引いていくのが分かります。「しまった……」と思った時はもう手遅れでした。その後、私はヤケ酒を食らい、その夜のことはまったく覚えていません。

もうひとつ、「人の噂話は大きな声で言ってはいけない」という教訓が私にはあります。あれは『夕やけニャンニャン』をやっていた頃。私は控え室でとんねるずの石橋貴明君と雑談をしていました。

当時、番組の控え室は大きなフロアをいくつかの部屋に仕切ったようなつくりで、壁が天井までなく、隣の部屋の声が聞こえるような状況でした。

石橋君との雑談の話題が、週刊誌に載っていたある有名芸能人Bさんの恋愛話になりました。週刊誌にはBさんには付き合っている彼女がいること、さらにもしかしたら隠し子がいるかもしれないことが書かれていました。

ふたりでそんな話を調子に乗って大声でしていた時、隣の部屋の戸がガラっと開き、何とそこから渋い顔をしたBさんが出てきたのです。その時の気まずさといったら……。以降、ラジオの番組などでその方を何度かゲストでお招きしていますが、私としてはそのたびにあの控え室の一件を思い出し、辛い思いをしています（Bさん自身はあの一件はすっかり忘れているようですが）。

みなさんも噂話はくれぐれも小さな声でするように、気をつけてください。

変わった名前の相手にそのことを触れていいか？

みなさんご存知のように私の名前は「照美」です。今でこそ、この名前のお陰でみなさんに親しまれるようになり、ラジオのパーソナリティとして一本立ちできたと感謝していますが、子供の頃は自分の名前がずっとコンプレックスになっていました。

小学校の入学式の時、クラス編成が壁に掲示されていたのですが、両親がいくら探しても私の名前がありません。「困ったな」とよくよく見ていくと何と女の子の中に私の名前が入っていました。これが小学生時代最初のショックな出来事です。

小学校2年生の時、引っ越しにともない私は葛飾区から江戸川区の小学校へ転校することになりました。

登校初日、担任の先生がクラスメートの前で「今度転校してきた吉田照美君です」と紹介してくれたのですが、「照美」のところでクラスメートの何人かが「プッ」と噴き出しました。この時も「やっぱり僕の名前は変な名前なんだ」と落ち込みました。

高校時代、通学のための定期券を買いに行った時のこと。当時の定期券は紙製で名前の部分は手書きでした。女性は名前の下に赤線を引かれるのですが、私が定期券を買ったら駅員は当たり前のように名前の下に赤い鉛筆でアンダーラインを引きました。学生服で定期を買いに来ているのに、ですよ。これには本当に頭にきましたが、こういった名前に関するエピソードはいくつもあります。

今でこそ「美《み》」の付く名前の男性は結構いますが、私が子供の頃はほとんどいませんんでした。
郷ひろみさんが世に出てきたあたりから、徐々に「み」の付く名前も認知されていったように感じます。週刊新潮に『男性自身』というコラムを持っていた人気作家の山口瞳《ひとみ》さんも、私を勇気付けてくれる存在でした。

名刺交換などをした時に「随分と変わった名前だな」と思う人がたまにいますが、もしかしたら相手はその名前にコンプレックスを感じている可能性もあります。「いい名前ですねぇ」とほめることが前提であったとしても、名前のことに触れる場合は注意したほうがいいと思います。

駄じゃれにもランクがある

「会話で場を盛り上げる」

これはしゃべりのプロである私にとってもある意味、一番難しいことであり、目指すところでもあります。

会話で場を盛り上げられたら、それはもう「会話の名手」と言っていいでしょう。

会話の名手になるには、会話のネタに笑いの要素をふんだんに盛り込むことが何よりも大切です。

身の回りに起こった笑えるエピソード、メディアから得た笑えるネタ、面白いニュースなど、会話に使える笑いのデータをインプットしておき、いざ会話になった時にその笑いのデータを会話の中にちりばめていくのです。

普段から何もせずに「会話を盛り上げる」などという高等技術を実践することはできません。会話を盛り上げるのも結局は「中身」ですから、常日頃から中身を充実させるための努力は必要です。

会話はネタがなかったら盛り上がりませんし、中身で勝負しようとする時にはしゃべり方のテクニックはむしろ邪魔になってしまうのです。

私のように「しゃべり」を仕事としている人たちは、日頃から「笑いのネタ」をいつでも提供できるように、頭の中の引き出しにインプットしています。

しかし、世間一般の方々もそのようなことができるようになれば、人間としての魅力が高まり、周囲の人たちからも「あの人の話はいつも面白いよね」と評価してもらえるようになるはずです。

笑いにはセンスが必要ですが、最初からセンスのある人はどこにもいません。だからいきなり大爆笑を取るなどという大層なことは考えず、まずはネタ選びのセンスから磨いていけばいいと思います。

笑いを取るためによく「駄じゃれ」を言う人がいますが、私はあまり駄じゃれを使った会話手法は好みません。

文化放送に勤めていた当時、ほかの社員でやたらと駄じゃれを言う人がいましたが、得意そうな顔をしてつまらない駄じゃれを連発するものだからみんなから嫌われていました。

もし駄じゃれを使うとするなら、その時は「聞き流されて当たり前」くらいの気持ちでやるといいのではないでしょうか。

駄じゃれをあまり使わない私ですが、先日、ラジオで珍しく駄じゃれを披露しました。

「今、毒アリのヒアリで巷は大騒ぎじゃないですか。あの女王アリ、何ていうか知ってる？『ヒアリ・クリントン』って言うんだよ」

言うまでもなくダダ滑りでした……。慣れないことはするもんじゃありません。

駄じゃれで思い出しましたが、文化放送のアナウンサーの大先輩で白井静雄さんという方がいるのですが、その方は駄じゃれ好きで有名でした。

白井さんは報道ニュースを読むことが多く、バラエティ担当の私とは対極に位置するような非常に真面目なアナウンサーでした。

その真面目な白井さんが無理をして、一生懸命駄じゃれを言うのです。このギャップあるスタンスも功を奏してリスナーにもウケていました。

私の記憶に一番残っているのは、シンガポールで起きた非常に怖い事件（確か殺人事件でした）のニュースを読み上げた後、コーナーの締めとして白井さんが発したこの駄じゃれです。

「心の芯がポールような事件でした」

後からじわじわと来る、駄じゃれの名作です。私はこの駄じゃれが大好きで、未だにこれを超える駄じゃれには出会っていません。

どうせ駄じゃれを会話に盛り込むのなら、白井さんくらいのレベルの駄じゃれをみなさんにも発してもらいたいと思います。

無意識に変な口癖を言っていないか?

昔、私のマネージャーをしていた人で「逆に言えば」が口癖の人がいました。その人は一時期はやった「ぶっちゃけた話」もよく使っていました。でもその人の「逆に言えば」は、その後の内容がぜんぜん逆になっていないことが多く、私は「ぜんぜん逆になってねーよ」とよくツッコミを入れたものです。

一事が万事そんな調子ですから「ぶっちゃけた話」と言っても、まったくぶっちゃけていないわけです。

マネージャーのその口癖があまりに面白かったため、ラジオ番組の街頭インタビュー企画のコーナーで「逆に言えば」と「ぶっちゃけた話」をネタにしたことがあります。

若手のアナウンサーに街頭インタビューをさせ、「逆に言えば」と言った後にまったく逆でないことをアナウンサーに言わせたり、「ぶっちゃけ」と言いつつぜんぜんぶっちゃけてないことを言わせたりして、街行く人たちがどんな反応をするのかリポートしてもらう企画でした。

インタビューに協力してくれた方々のほとんどは「はあ?」といった感じの反応でした。当時はラジオ番組でこのような街中でゲリラ的に行う企画をしょっちゅうやっていました。この場を借りて、くだらない企画にご協力いただいた方々に感謝申し上げると同時に深くお詫《わ》びいたします。

と、話がちょっと逸れてしまいましたが、ここで紹介したマネージャーのように自分に変な口癖がないか、1度客観的に確認してみるといいと思います(仲のいい友達などに聞いてみてもいいかもしれません)。

そこでもし自分に変な口癖があることが判明したら、それは一刻も早く直すようにしてください。

「逆に言えば」のようによく使われる口癖として「実は」や「ある意味」といった言葉も

あります。

「ある意味」は私ももしかしたら口癖まではいかないにしても、無意識に結構使っているかもしれません。

「ある意味」という言葉も、会話の中で使っている時はそれほど意味を持っていないように思います。「逆に」も「ぶっちゃけ」も「ある意味」も、会話の調子を取るのにいいから思わず使ってしまうのでしょう。

安倍晋三首相にも「〜の中において」という口癖があります。この「中において」も単なる口癖であって言葉としての意味は持っていません。

これは自戒の念も込めて言うのですが、私たちは、それぞれの言葉の意味をきちんと理解した上でそれを表現していかないと、会話がとんちんかんなものになってしまうということを忘れてはいけないと思います。

東京に住んでいても標準語を使う必要はない

近年、とくに関西方面生まれの方々に多いのですが、東京に住んでいても地方の方言のままで話す人が昔よりも圧倒的に増えてきました。

これはテレビなどの影響もとても大きいと思います。30年ほど前の「漫才ブーム」によって関西弁がお茶の間に浸透し、今では関西弁は第2標準語のような存在になりました。最近ではお笑いの「U字工事」が栃木弁で大活躍していますし、「カミナリ」という茨城弁丸出しの2人組も人気者となっています。

自分の気持ちを上手く表現するには、自分の育った地域の言葉を使うのが一番です。そういった意味で、東京に住んでいるからといって標準語にこだわる必要はないと思いますし、むしろ地方から東京にやって来た方々は臆することなく、地元の言葉を使っていくべきだと思います。


私が文化放送に入社し、アナウンサーとなってまず最初に受けた教育が「標準語を正しくしゃべる」ことでした。

しかし、その後フリーとなり、改めて「言葉」「しゃべり方」というものに向き合った時、「今」の自分を表現するには必ずしも標準語にこだわる必要がないことに気づきました。

今現在、私は自分自身を表現するために、地元である「下町言葉」を改めて見つめ直しています。

私が下町言葉の重要性に気づいたのは、ビートたけしさんの影響によるところが非常に大きいと思います。ビートたけしさんと私は同じ下町の出身です。たけしさんの話す言葉は下町言葉ですから、テレビや映画で活躍するたけしさんを見て、自分の生まれ育った地域の文化を大切にする気持ちに気づかされました。

私が下町言葉を大切にしているように、みなさんにも自分の地元の言葉を大切にしていってほしいと思います。

地方から東京にやって来たからといって、方言を気にして標準語ばかりを話す必要はありません。全国各地にいい言葉はたくさんあります。そんないい言葉、自分の地元の言葉を上手く織り込みながら、自分だけのコミュニケーション方法を確立していけばいいのです。

変化していく言葉は受け入れるべきか

現代社会ではいわゆる「ら抜き言葉」が主流となってしまっているように、基本的に言葉というものは、時代とともに移り変わっていくものだと思っています。

しかし、言葉の本質を無視した造語や略語といったはやり言葉には、さすがに私も辟易することがあります。

ラジオ番組でご一緒している伊東四朗さんがよく言うのは、コンビニの店員などが発する「〇〇円からでよろしかったでしょうか」という言葉です。

本来なら「〇〇円でよろしいですか?」で済む話ですが、なぜあの言葉が全国的に使われているのかよく分かりませんし、私もちょっと納得がいきません。

あと伊東さんが怒っていたのは「やばい」の使い方。最近の若者はおいしいものを食べた時などに「やばい」と使いますが、伊東さんはあれが大嫌いだそうです。「おいしいものを食べて〝やばい〟なんて品がない」と。

「ら抜き言葉」は、「ら」が抜かれていることを分かって言っているのと、分からないで言っている人では意味合いがちょっと違ってくると思います。分かっていながらあえて

「ら抜き言葉」をしゃべっているのなら別に構わないのではないでしょうか。

言葉は生き物ですから、最初は「ちょっとおかしい」と多くの人が感じていたとしても、使われているうちにその言葉が広まり、正しくなってしまいます。

誤用で使われていた言葉が今では正しい言葉として認められているパターンはそれこそ挙げたらキリがないほどたくさんあります。

最初は誤用でもそれが長い年月の中で人々の間に深く広く浸透してしまえば、いくら「その言葉は間違っている」と言っても抵抗できないのです。


私のように人生を長くやっていると、若い人たちの言葉遣いが気になってくるものです。それはきっとある年齢になると誰もが経験することでもあるのでしょう。

ただ、若い人に「それはダメだよ」と感情的に言うようなことだけはないようにしていきたいと考えています。自分が「嫌だな」と感じた言葉は、自分で使わなければいいだけの話なのです。

私が最近「嫌だな」と感じる言葉は、「がっつり」です。この言葉は誰が言い始めたのか諸説あるようです。その中に北海道の方言でたくさん食べることを「がっつり」と言うという話もあるようですが、本当のところはよく分かりません。

「ガチで」という表現もよく聞きますが、あれも私自身使いたくない言葉のひとつです。うちの息子も「ガチ」とよく言っていますが、単に粋がっているだけのような気がして、どうしても格好悪く感じてしまうのです。「〝真剣に〟でいいじゃん」と。

あと、最近の人たちは「クソ」もやたらに使いますよね。若い人が吐き捨てるように「クソだな」と言っていますが、私が若い頃は「クソだな」なんてほとんど使いませんでした。

「神ってる」に代表されるように「神」もよく使われるようになった気がします。「神ってる」なんて私は絶対に使いません。「神」も随分と安っぽくなってしまったものです。

ネットから新たな言葉が次々と生まれている

ブログやツイッター、インスタグラムなど、ＳＮＳと呼ばれるインターネットツールが今、人々の情報交換の主流となっています。そしてそれらＳＮＳを使いこなす若者たちによって新たな言葉（造語）も次々に生み出されています。

過去を振り返ってみても、新しい言葉というのは主に若者たちによって作られてきました。

学生時代、アナウンス研究会のメンバーで盛んに「まっつぁお」と言っている人がいました。急に青ざめるような状態になった時に「まっつぁお」と使うのですが、最初は「変な言葉だなぁ」と思っていたのに、気づいたら自分でも「もう、まっつぁおだよ」などと使ってしまっていました。

今はあまり使いませんが「いかす」という言葉があります。これは「あの人の服装、いかしてるよね」といった具合に使うのですが、一説には石原裕次郎さんが「格好いい」ということを「いかしてる」と言って使い始めたと言われています。

今では普通に使われている「サボる」という言葉も、元はフランス語の「サボタージュ」から来ており、日本語の五段活用をそこに組み合わせた造語です。

若者から発生したそれらの新たな言葉を、私のような年配者が使うのはちょっとみっともないような気もしますが、私もツイッターなどは活用していますから、「シャレで使ってみようかな」と思う時はあります。

ツイッターの「○○なう」という表現も最初に見た時はとても驚きました。

SNSからは相当数の新たな言葉が生まれていますが、廃れていく早さもあっという間です。

SNSではやっている若者言葉は簡略化された言葉が多いように感じます。先日もラジオ番組の中で「照美さん、この若者言葉、知ってますか?」とアシスタントの女性からいくつかのはやり言葉を出題されました。

最初は「そんなの1問も分かるわけないよ」と言っていたのですが、聴いていくといくつか分かるものもありました。ただ、聴いていて頭にきたのは「そんな略し方、あるかよ」というくらい、言葉を縮めたり、簡略化した言葉です。

その最たるものが「り」。「り」って何だよ！　と思わず番組中に叫んでしまいましたが、これは「了解」の「り」です。「りょ」までは私も知っていたのですが、それが「り」になってしまっているとは……。

その他にも「かまちょ」（構ってちょうだい）、「おくちょ」（送ってちょうだい）という言葉（これは私にも分かりました）があったり、本当に意味不明な「イケ化」（イケメン化するという意味。こんなの分かるわけありません）などがありました。

これらの造語はそのほとんどが廃れていってしまうのでしょうが、その中のいくつかは生き残り、ゆくゆくは「正しい日本語」となる可能性があります。

造語は昔から生まれては消えを繰り返してきました。先述したとんでもない略語のようなものもいくつもありますが、造語はその時代を映す鏡のような存在でもあります。

きっと人間は、今の自分の気持ちを一番リアルに表してくれる言葉を探し続けているのでしょう。

おわりに

本書では、私が今まで培ってきた総合的な「コミュニケーション術」を、しゃべり方、言葉の使い方、聞き方、質問の仕方、会話の間合いといった様々な切り口でご説明させていただきました。

ただ、本書を読んで、頭では分かったつもりでも実際に使ってみなければ正しいコミュニケーション方法は身に付いていきません。

失敗を恐れず、どれだけ場数を踏んでいくか。

肝心なのはそこです。

私が本書でご説明したことを実践するのは、読者のみなさんの「アドリブ力」にかかっています。

ただ、最初から「アドリブ力」を備えている人などどこにもいません。この私も大学のアナウンス研究会に入った1年目、みんなの見ている前で「フリートークをしろ」と言われ、自分の名前以外一言も発せずに終わった悲しい過去があります。

しかし、そんな慙愧《ざんき》に堪えない経験をしたからこそ、今の私があるといっても過言ではありません。私はそこから「よし、次こそ人前でしっかりと話してみせる！」と心を入れ替え、努力を続けました。

失敗を恐れず、いろんな人とコミュニケーションを取ってみてください。そして、周りにいる話し上手な人、気遣いのある人、みんなを笑わせる術に長けている人の「何が優れているのか」を研究していくのです。

そういった研究、分析を続けていけば、その努力の成果は必ずあなた自身に返ってきます。

会話とは、アドリブの連続です。同じ時は2度とやって来ないように、同じ会話も2度と起こりません。

ですから、その時、その出会いを大切に、ひとつひとつの会話を積み重ねていってほしいと思います。

そうすれば、会話術の源である「アドリブ力」があなたにも身に付くはずです。

難しいことは何もありません。後は実践あるのみです。

吉田照美

2017年11月

吉田照美（よしだ てるみ）

一九五一年生まれ、東京都葛飾区出身。早稲田大学政治経済学部経済学科卒業後、文化放送にアナウンサーとして入社。ラジオ番組『セイ!ヤング』『吉田照美の夜はこれから てるてるワイド』などのパーソナリティ、テレビ番組『夕やけニャンニャン』『ぴったし カン・カン』の司会などで知られる。著書に『ラジオマン』(ぴあ)がある。

「コミュ障《しょう》」だった僕《ぼく》が学《まな》んだ話《はな》し方《かた》

二〇一七年一二月二〇日 第一刷発行　集英社新書〇九一三E

著者……吉田照美《よしだてるみ》
発行者……茨木政彦
発行所……株式会社集英社
東京都千代田区一ツ橋二-五-一〇 郵便番号一〇一-八〇五〇
電話 〇三-三二三〇-六三九一(編集部)
〇三-三二三〇-六〇八〇(読者係)
〇三-三二三〇-六三九三(販売部)書店専用

装幀……原 研哉
印刷所……凸版印刷株式会社
製本所……加藤製本株式会社

定価はカバーに表示してあります。

ISBN978-4-08-721013-2 C0237

Printed in Japan

集英社新書　好評既刊

教育・心理——E

ホンモノの文章力　樋口裕一
中年英語組　岸本周平
おじさん、語学する　塩田　勉
感じない子ども こころを扱えない大人　袰岩奈々
レイコ@チョート校　岡崎玲子
大学サバイバル　古沢由紀子
語学で身を立てる　猪浦道夫
ホンモノの思考力　樋口裕一
共働き子育て入門　普光院亜紀
世界の英語を歩く　本名信行
かなり気がかりな日本語　野口恵子
人はなぜ逃げおくれるのか　広瀬弘忠
悲しみの子どもたち　岡田尊司
行動分析学入門　杉山尚子
あの人と和解する　井上孝代
就職迷子の若者たち　小島貴子

日本語はなぜ美しいのか　黒川伊保子
性のこと、わが子と話せますか？　村瀬幸浩
「人間力」の育て方　堀田　力
「やめられない」心理学　島井哲志
「才能」の伸ばし方　折山淑美
演じる心、見抜く目　友澤晃一
外国語の壁は理系思考で壊す　杉本大一郎
○《まる》のない大人 ×《ばつ》だらけの子ども　袰岩奈々
巨大災害の世紀を生き抜く　広瀬弘忠
メリットの法則 行動分析学・実践編　奥田健次
「謎」の進学校 麻布の教え　神田憲行
孤独病 寂しい日本人の正体　片田珠美
「文系学部廃止」の衝撃　吉見俊哉
口下手な人は知らない話し方の極意　野村亮太
受験学力　和田秀樹
名門校「武蔵」で教える東大合格より大事なこと　おおたとしまさ
「本当の大人」になるための心理学　諸富祥彦

a pilot of wisdom

哲学・思想——C

心を癒す言葉の花束	アルフォンス・デーケン
自分を抱きしめてあげたい日に	落合 恵子
その未来はどうなの？	橋本 治
荒天の武学	内田 樹 光岡 英稔
武術と医術 人を活かすメソッド	甲野 善紀 小池 弘人
不安が力になる	ジョン・キム
冷泉家 八〇〇年の「守る力」	冷泉貴実子
世界と闘う「読書術」 思想を鍛える一〇〇〇冊	佐高 信 佐藤 優
心の力	姜 尚中
一神教と国家 イスラーム、キリスト教、ユダヤ教	内田 樹 中田 考
伝える極意	長井 鞠子
それでも僕は前を向く	大橋 巨泉
体を使って心をおさめる 修験道入門	田中 利典
百歳の力	篠田 桃紅
釈迦とイエス 真理は一つ	三田 誠広
ブッダをたずねて 仏教二五〇〇年の歴史	立川 武蔵
「おっぱい」は好きなだけ吸うがいい	加島 祥造
イスラーム 生と死と聖戦	中田 考
アウトサイダーの幸福論	ロバート・ハリス
進みながら強くなる ——欲望道徳論	鹿島 茂
科学の危機	金森 修
出家的人生のすすめ	佐々木 閑
科学者は戦争で何をしたか	益川 敏英
悪の力	姜 尚中
生存教室 ディストピアを生き抜くために	内田 樹 光岡 英稔
ルバイヤートの謎 ペルシア詩が誘う考古の世界	金子 民雄
感情で釣られる人々 なぜ理性は負け続けるのか	堀内進之介
永六輔の伝言 僕が愛した「芸と反骨」	矢崎泰久・編
淡々と生きる 100歳プロゴルファーの人生哲学	内田 棟
若者よ、猛省しなさい	下重 暁子
イスラーム入門 文明の共存を考えるための99の扉	中田 考
ダメなときほど「言葉」を磨こう	萩本 欽一
ゾーンの入り方	室伏 広治

集英社新書　好評既刊

文芸・芸術——F

超ブルーノート入門	中山康樹
短編小説のレシピ	阿刀田高
パリと七つの美術館	星野知子
天才アラーキー　写真ノ時間	荒木経惟
プルーストを読む	鈴木道彦
フランス映画史の誘惑	中条省平
ピカソ	瀬木慎一
超ブルーノート入門　完結編	中山康樹
ジョイスを読む	結城英雄
余白の美　酒井田柿右衛門	十四代酒井田柿右衛門
父の文章教室	花村萬月
日本の古代語を探る	西郷信綱
古本買い　十八番勝負	嵐山光三郎
必笑小咄《こばなし》のテクニック	米原万里
小説家が読むドストエフスキー	加賀乙彦
喜劇の手法　笑いのしくみを探る	喜志哲雄
永井荷風という生き方	松本哉
クワタを聴け！	中山康樹
米原万里の「愛の法則」	米原万里
官能小説の奥義	永田守弘
日本人のことば	粟津則雄
宮澤賢治　あるサラリーマンの生と死	佐藤竜一
寂聴と磨く「源氏力」　全五十四帖一気読み！	「百万人の源氏物語」委員会編
現代アート、超入門！	藤田令伊
江戸のセンス	荒井修　いとうせいこう
俺のロック・ステディ	花村萬月
マイルス・デイヴィス　青の時代	中山康樹
現代アートを買おう！	宮津大輔
小説家という職業	森博嗣
美術館をめぐる対話	西沢立衛
音楽で人は輝く	樋口裕一
オーケストラ大国アメリカ	山田真一
証言　日中映画人交流	劉文兵

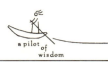

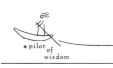